살아남는
배달 창업의
비법

10년 차 사장님이
알려주는

살아남는
배달 창업의
비법

오봉원, 최용규 지음

다온북스
DAON BOOKS

프롤로그

저희가 진행하는 '알고 시작하는 배달 창업' 강의는 늘 좋은 반응을 얻곤 합니다. 언제나 질문에 질문이 꼬리를 물어 약속된 강의 시간을 훌쩍 넘기기 일쑤입니다. 하지만 2시간 남짓한 강의 시간에 모든 걸 말하기란 불가능합니다. 때문에 이 책을 통해 배달 창업에 대한 모든 궁금증을 해소해 드리고자 합니다. 이 책에서 알려주는 내용 정도만 알고 시작해도 작은 투자 비용으로 쉽게 돈을 버는 길을 발견할 수 있을 것입니다.

많은 이들이 창업을 고민합니다. 만약 당신이 배달 창업을 준비하고 있다면 '이 사업을 왜 시작하려고 하는지' 그 목적을 분명히 해야 합니다. 창업의 목적은 사실 '돈을 벌기 위해서'입니다. 성공 창업이라는 목표를 이루기 위한 과정은 결코 순탄치 않지만, 이 책은 당신이 목표를 달성할 수 있도록 곁을 지키며 길을 안내해 주는 지침서가 되어 줄 것입니다.

열심히만 하면 망하지 않을 것이라는 막연한 생각으로 창업을 시작하면 안 됩니다. 누구나 장사를 시작할 수는 있지만, 그들이 모두 성공하는 것은 아닙니다. 당신도 창업을 통해 성공하고 싶다면 다른 모든 이들이 가려는 방향으로 향해서는 안 됩니다.

창업 박람회에서 만나는 프랜차이즈 영업 사원들이 공통적으로 하는 말이 있습니다.

"잘할 수 있습니다. 본사에서 교육과 홍보 외에도 거의 모든 부분을 신경 써 주니 사장님은 그저 열심히 장사만 하시면 됩니다."

하지만 당신은 아직 창업할 준비가 되지 않았습니다. 그들도 당신이 아직 장사를 시작해서는 안 될 사람이라는 것을 분명히 알고 있을 것입니다. 그런데도 그들은 물불 가리지 않고 당신을 꼬드깁니다. 이들의 말에 흔들리는 사람은 그야말로 딱 좋은 먹잇감입니다.

만약 당신이 예비 창업자라면 장사하라고 부추기는 사람보다는 아직 준비가 미흡하니 조금만 더 생각해 보라고 진심 어린 조언을 해 주는 사람을 가까이해야 합니다.

창업을 준비 중이라면 반드시 사전에 관련 지식을 갖춘 뒤에 실무에 뛰어들어야 합니다. 빨리 가는 것보다는 제대로 가는 것이 중요합니다. 제대로 시작해야 성공 창업이라는 목표에 이를 수 있습니다.

링 밖에서 경기를 볼 때는 쉬워 보였겠지만, 막상 링 안의 플레이어가 되면 전혀 다른 세상이 펼쳐질 겁니다. 제대로 준비하지 않고, 배우지 않고 막연히 링에 들어갔다가는 1라운드도 채 버티지 못하고 녹다운당하기 마련입니다.

코로나19의 영향으로 인해 배달, 포장 중심으로 운영하는 업종이 뜨고 있다는 건 부정할 수 없는 현실이 됐습니다. 외식보다는 '집콕'이 편해졌고, 우리나라를 비롯한 전 세계의 거의 모든 시민들이 백신을 접종했다고는 하지만 여전히 팬데믹이 끝났다고 보기는 어렵습니다. 코로나19가 종식되어도 배달 문화는 지속될 것으로 보입니다.

사회적 거리두기로 인해 많은 사업자가 끝이 보이지 않는 힘겨운 싸움을 하고 있습니다. 매장 매상이 어려워지니 배달 창업에 관심을 가지는 이들이 점점 늘어갑니다. 배달 창업의 가장 큰 장점은 초기 투자 비용이 적게 든다는 것입니다. 1천만 원 정도만 투자하면 월 순수익 5백만 원 정도는 어렵지 않게 벌 수 있습니다. 단, 분명히 공부하고 시작해야 할 사항이 있습니다. 아무런 노력 없이 좋은 결과를 얻을 수는 없는 법이니까요.

이 책은 한 번 읽으면 누구라도 배달 창업의 전반을 이해하고 실천할 수 있도록 기초적인 창업 방법부터 마케팅 방법, 현실적인 재정 관리 팁을 담아냈을 뿐만 아니라 세무 지식, 회계 상식 또한 녹여냈습니다. 큰돈과 많은 시간을 들여 강의를 듣는 것보다 이 책 한 권을 읽는 것이 효과적일지도 모릅니다. 10년간 배달 매장을 성공적으로 운영한 저자가 자신의 경험을 토대로 적었으니 큰 도움이 될 것이라고 자신합니다.

차례

PART 2 배달 사업자 세금 공부, 일주일이면 충분하다

PART 01

배달 창업, 일주일이면 충분하다

월요일

배달 창업을
준비하는
올바른 자세

조급함은 독

조급한 마음으로 배달 사업을 시작한 사람은 중요한 순간에 감정이 앞서 잘못된 결정을 내리곤 합니다. 사업을 할 때는 자신도 모르는 순간에 협상 테이블이 만들어집니다. 하지만 대부분 자신이 협상 중인지도 모릅니다. 협상의 대상은 자기 자신일 수도, 현실일 수도, 투자자일 수도 있습니다. 상대가 누구든 조급한 마음가짐은 협상 테이블에서 불리하게 작용할 뿐이며, 그에 따른 결과 역시 좋을 리가 없습니다.

배달 창업에 뛰어드는 모든 이들이 소중한 돈을 투자하며 시작합니다. 그 돈의 규모는 몇백만 원 수준이 아닌 몇천만 원, 심지어는 몇억 원 단위일 수도 있습니다. 그런데 조급한 마음으로 섣불리 창업했다가는 그 돈을 모두 날릴 수도 있습니다.

일단 가게를 열기만 하면 무조건 돈을 많이 벌 수 있을 것이라고 착각하고 있는 이들이 많은데 그중 대다수는 얼마 가지 않아 창업을 후회합니다. 막연한 자신감만 가지고 가게를 운영해 보니 이익은 생각보다 적고, 투자한 돈은 그에 비할 수 없을 정도로 크다는 것을 깨닫습니다. 이후에 사장님들은 코로나19, 날씨, 경기 침체 등 다양한 외부 환경을 탓하기 바쁩니다. 하지만 남 탓을 한다고 해서 바뀌는 것은 없습니다. 시간을 되돌릴 수는 없는 노릇이니까요.

서둘러 시작했다고 해서 무조건 돈을 많이 버는 것도 아닙니다. 조급해 하지 말고 차분하게 제대로 준비해서 시작해야 합니다. 모든 일이 생각한 대로 흘러가지만은 않는다는 것을 명심해야 합니다. 그래서 배달 창업을 준비하는 단계에서 최고의 상황과 최악의 상황을 모두 고려해 봐야 합니다. 최악의 상황이 펼쳐지더라도 해결할 수 있는 선택을 해야 합니다.

조급한 마음은 빨리 돈을 벌어야 한다는 생각과 프랜차이즈 영업 사원의 속삭임, 성공한 자영업자에 대한 부러움 등에서 기인합니다. 투자한 돈이 크면 클수록 조급해질 수밖에 없습니다. 큰돈을 투자하면 이익보다 매출에 집중하게 됩니다. 매장을 정리할 때도 투자한 돈을 권리금 명목으로 받아 회수해야 한다는 압박감이 더 심해집니다. 마음이 조급하면 미래를 계획해 볼 시간적 여유를 갖는 것조차 버거워집니다. 다시 강조하지만, 섣불리 판단하고 결정을 내려서는 안 됩니다.

저도 처음 창업할 때는 아주 조급한 마음으로 시작했습니다. 돈을 빨리 많이 벌고 싶다는 마음에 무턱대고 일을 시작했습니다. 7,000만 원이라는 거금을 투자했고, 그 결과 2년간 쉬는 날도 없이 열심히 일만 하는 기계가 되었습니다. 지금에 와서 돌이켜보면 우선 다른 가게에서 직원으로서 많은 경험을 해 보고, 세무와 회계 역시 공부한 뒤에 시작했으면 훨씬 더 쉽게 돈을 벌 수 있었을 거라 확신합니다.

"서두르면 될 것도 안 된다." 이것이 제가 경험자로서 해 줄 수 있는 조언입니다. 당신이 초보 창업자라면 적은 돈으로 가볍게 창업을 시작해 보는 것이 장기적으로도 좋습니다.

조급함을 버리는 방법은 아주 간단합니다. 누구나 생각할 수 있는 뻔한 창업 방식을 버리면 됩니다. 생각의 패러다임을 바꿔야 합니다. 사람들이 창업하는 목적은 전부 같습니다. 큰 돈을 버는 것이지요. 때문에 돈을 벌기 위해 창업했다면 매출이 아닌 이익에 초점을 둬야 합니다.

더불어 자신만의 확고한 창업 철학을 가져야 휘둘리지 않습니다. 철학이 없으면 결국 누구나 하는 방식을 뒤따르게 됩니다. 뻔해지는 것입니다.

이 책은 창업에 대한 당신의 생각을 바꿔 줄 것이며, 어떤 책에서도 말하지 않는 성공하는 창업 방식을 안내할 것입니다.

배달 창업에 1,000만 원 이상
투자하면 미친 짓

배달 음식점은 매장까지 운영하는 것과는 달리 아주 적은 돈으로도 시작할 수 있다는 강점이 있습니다. 배달 매장을 창업할 때 드는 비용은 대략 1,000만 원(매장 보증금 제외)이면 충분합니다. 그런데 따져보지 않고 무리하게 많은 돈을 투자해 시작하는 사람들이 대다수입니다.

저는 배달 창업 강의 중에 예비 창업자들에게 다음과 같은 질문을 먼저 던지곤 합니다.

"배달 매장을 차리는 데에 얼마 정도 투자하는 것이 적당하다고 생각하십니까?"

대부분 적게는 5,000만 원, 많게는 1억 원 정도는 투자해야 하지 않냐고 답합니다. 이들이 이렇게 생각하고 있는 이유는 첫째, 한 번도 해 보지 않았기에 잘 모르기 때문이고, 둘째, 여전히 목이 좋은 상권을 고집하고, 셋째, 인테리어를 근사하게 꾸며야 장사가 잘된다고 생각하기 때문입니다. 하지만 지금 우리가 원하는 것은 배달 전문 매장을 차리는 것입니다. 이런 사항이 꼭 필요할까요?

얼마 전, 아는 사장님에게 전화 한 통이 왔습니다.

"근처에 배달 매장 하나가 신규 오픈했는데 간판이 삼면으로 되어 있고, LED네요. 간판에만 1,000만 원이 들었대요."

배달 전문 매장인데 저렇게 비싼 간판을 설치해야 할까요? 하지만 그 사장님은 이미 간판에 1,000만 원을 투자했습니다. 순이익률이 20퍼센트라고 가정하면 매출이 5,000만 원 이상 발생해야 간판 설치 비용을 회수할 수 있습니다. 더 중요한 사실은 배달 매장에는 고급 간판이 전혀 필요치 않다는 것입니다. 참고로 저는 기존에 설치되어 있던 간판에서 천만 갈아 사용하고 있어서 간판 비용으로 총 20만 원밖에 소비하지 않았습니다.

저 역시 멋모르고 시작했던 첫 창업에는 투자 비용만 7,000만 원 정도 들었습니다. 아무도 배달 창업에 필요한 비용이 얼마인지 정확히 가르쳐 주지 않았습니다. 하지만 지난 10년간의 경험을 통해 '배달 창업은 1,000만 원이면 충분하다!'라는 결론을 내렸습니다. 그래서 현재 운영 중인 배달 매장은 1,000만 원이 안 되는 비용으로 시작했고, 현재 목표한 수익

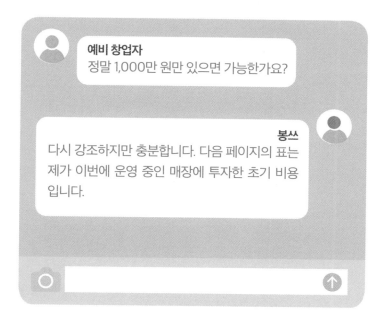

예비 창업자
정말 1,000만 원만 있으면 가능한가요?

봉쓰
다시 강조하지만 충분합니다. 다음 페이지의 표는 제가 이번에 운영 중인 매장에 투자한 초기 비용입니다.

실제 창업 시 사용된 비용

	금액(단위: 만 원)	비고
전기공사	140	
도시가스 공사	110	
바닥 및 하수도 공사	180	
주방 후드 및 덕트 공사	100	
간판	20	
4구 냉장고	50	중고품 구입
테이블 냉장고	40	중고품 구입
냉동고	15	중고품 구입
튀김기 2대	100	중고품 구입
싱크대	20	중고품 구입
PC	15	중고품 구입
업소용 가스레인지	45	중고품 구입 (설치비 포함)
선반 2개	55	중고품 구입 (상부 선반 포함)
기타 집기류	100	새 제품

을 내고 있습니다.

표를 보면 배달 매장을 개설하는 비용으로 총 990만 원이 지출되었습니다. 어떤가요? 정말 1,000만 원도 안 되는 비용으로 그럴싸한 배달 매장이 완성되었습니다. 만약 예상보다 훨씬 많은 매출이 발생해 시설 설비나 집기류가 부족하다면 그때 추가로 구매해도 늦지 않습니다.

100퍼센트 성공한다는 보장도 없는데 수천만 원에서 몇억 원까지 투자하는 것은 바람직하지 않습니다. 아니, 미친 짓에 가깝습니다. 가진 모든 돈을 투자해서, 심지어는 빌리기까지 해서 시작하는 것은 너무나도 위험합니다. 다시 말하지만, 첫 창업이라면 최대한 욕심을 덜어내고 가볍게 시작해야 합니다.

매출은 함정,
이익은 부자의 지름길

 성공한 가게와 실패한 가게를 구분하는 기준은 무엇일까요? 매출? 초보 창업자라면 당연히 매출이 많으면 돌아오는 이익도 클 것이라고 생각하기 마련입니다. 하지만 이는 잘못된 생각입니다. 매출이 많다고 이익도 커지는 것이 아니라는 것을 꼭 명심해야 합니다.

TV 프로그램에서는 대박난 사업 아이템을 소개할 때 한 달 매출이나 1년 매출이 얼마인지 강조하곤 합니다. 이들은 방송을 위해 자극적인 내용, 오로지 매출만을 강조합니다. 때문에 이러한 방송에 익숙한 우리의 머릿속에서도 '많은 매출=많은 이익'이라는 공식이 작동합니다. 매출이 아무리 크더라도 사업을 운영하는 데에 쓰인 지출이 매출보다 많으면 손실이 발생하는 것이 현실인데 '매출이 깡패'라는 고정관념이 작동하는 것입니다.

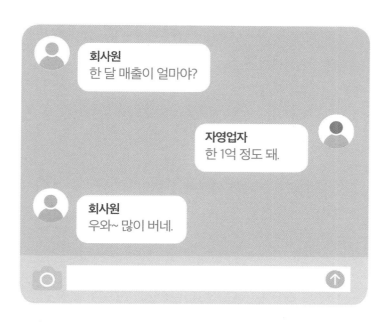

회사원
한 달 매출이 얼마야?

자영업자
한 1억 정도 돼.

회사원
우와~ 많이 버네.

위 대화의 오류를 바꿔보겠습니다.

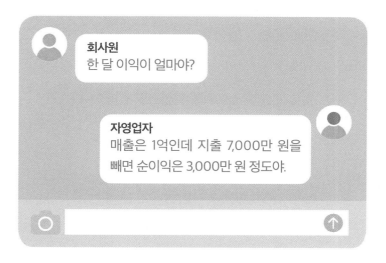

회사원
한 달 이익이 얼마야?

자영업자
매출은 1억인데 지출 7,000만 원을
빼면 순이익은 3,000만 원 정도야.

매출이 비용보다 많다면 이익이 발생하지만, 반대로 비용이 매출보다 많다면 손실이 발생합니다.

> **매출 > 비용 = 이익**
> **매출 < 비용 = 손실**

따라서 단순히 매출로 사업의 흥망성쇠를 판단할 게 아니라 '이익이 얼마나 많이 남는가'를 기준으로 삼는 것이 옳습니다.

사업의 목적은 이윤 추구입니다. 매출이 아닌 이익에 관심을 가져야 하는 이유는 명확합니다. 매출만 신경 쓰는 가게는 지속적인 이익을 내는 것도, 이익을 더 키우는 것도 어렵습니다. 매출을 위해 돈을 들여 홍보하고, 직원을 추가 채용하고, 서비스를 남발하고, 영업 시간을 늘리다가 지쳐갑니다. 이익이 아닌 더 높은 매출만을 위해 악순환을 반복합니다. 한계에 부딪혔을 때는 이미 어마어마한 고정비와 박리다매한 판매 방식이 자리잡힌 상태라 고치기 쉽지 않습니다.

이런 방식을 고집하다가 뒤늦게 이익이 중요하다는 것을 깨달았을 때는 이미 돌이킬 수 없습니다. 여태껏 서비스와 할인을 남발하며 고객을 사로잡았기 때문에 그러한 이벤트 없이는 영업을 지속할 수가 없어 그나마 있던 고객도 떨어져 나가는 것을 지켜보고만 있어야 합니다. 이런 상황이 닥치면 투자한 돈 걱정에 덜컥 겁이 나 개선할 시도도 하지 못하고 제자리걸음만 하게 됩니다.

하지만 이익에 집중하는 사업자는 최소한의 매출로 최대한의 이익을 내기 위해 끊임없이 공부하고 실천합니다. 무리해서 직원을 고용하지 않고, 비용을 최소화하는 방법을 찾아내 홍보하며, 무차별적인 서비스와 할인을 경계합니다. 서비스와 할인 없이도 고객을 만족시키고 유지하는 방법을 연구해야 합니다. 서비스와 할인을 제공해 만들어낸 매출은 당장은 좋을지 몰라도 내게 돌아올 이익이 현저히 줄어든다는 사실을 알고 있어야 합니다. 매출이 2배가 된다고 해서 이익도 2배가 되는 것은 아닙니다.

또 이익에 초점을 맞추는 사장님은 가게 지출 장부를 꼼꼼하게 적습니다. 그 장부를 토대로 불필요한 지출과 줄일 수 있는 비용을 조금씩 줄여나갑니다.

같은 프랜차이즈의 배달 전문 치킨 음식점 두 곳을 예로 들어보겠습니다.

　프랜차이즈 본사에서 납품받는 재료비의 원가는 매출의 40퍼센트입니다(매출 원가 40퍼센트). 두 매장의 월 임대료는 50만 원으로 동일하고, 치킨 한 마리의 가격은 20,000원입니다.

　A 매장은 매출만 고집하여 늘 고객에게 2,000원짜리 할인 쿠폰을 제공하고, 서비스로 원가 1,000원인 감자튀김을 제공합니다. 이렇게 영업한 A 매장의 고객 수는 B 매장의 2배인 1,000명입니다. 그렇다면 월 매출은 1,800만 원(객단가 18,000원×고객 수 1,000명)으로 계산됩니다. 그런데 이 매출을 감당하기 위해서는 주방 보조 직원을 고용해야 하므로 별도로 200만 원의 월급이 발생합니다.

　반면 B 매장은 이익에 집중하여 고객에게 할인 쿠폰과 서비스를 제공하지 않았습니다. 고객 수는 A 매장의 절반인 500명으로 월 매출은 1,000만 원 정도입니다. 하지만 B 매장은 고객 수가 적은 대신 사장 혼자서 일해도 충분히 주문량을 처리할 수 있으므로 추가 인력에 따른 인건비, 퇴직금 등이 발생하지 않습니다.

그럼 이제 A 매장과 B 매장의 손익 계산서를 살펴보겠습니다.

A 매장과 B 매장의 손익 계산서

*단위: 만 원

	A 매장	B 매장
월 매출	1,800	1,000
매출 원가	720	400
매출 이익	1,080	600
월 임대료	50	50
급여	200	0
판매 촉진비	100	0
배달 대행비	300	150
영업 이익	430	400

간단히 계산한 결과 A 매장이 B 매장보다 고객 수는 2배나 많지만, 이익은 2배가 아닙니다. 또한 A 매장의 매출은 B 매장의 약 2배 가량이지만 결과적으로 이익은 B 매장과 비슷한 수준입니다.

매출이 중요하다고 생각하는 이들은 A 매장은 B 매장과 달리 직원도 있고, 배달량도 더 많으니 A 매장이 훨씬 더 잘되는 가게라고 판단하겠지만, 이 책을 통해 이익이 더 중요하다는 것을 배운 당신은 겉으로 보이는 것보다 속이 알찬 가게를 운영해야 한다는 사실을 알게 되었을 것입니다.

배달 창업을 준비 중이라면 할인과 서비스를 남발하여 매출을 늘리기보다 돈을 덜 들이고 고객을 사로잡는 방법에 대해 고민해 보아야 합니다. 또한 이미 영업 중인데 이익이 거의 없거나 기대에 미치지 못한다면 지금부터라도 이익에 관심을 가지고 문제점을 파악하여 개선해야 합니다. 매출은 고객이 오면 발생하지만, 이익 창출은 사장 본인의 노력으로 만들어가는 것입니다.

정답을 찾고 시작하자

결국 배달 창업의 목적은 거창한 것이 아니라 돈입니다. 지루한 직장 생활을 하며 받는 정해진 월급으로는 인간의 욕구를 채우기 어렵습니다. 많은 이들이 월급보다 많은 돈을 벌기 위해 배달 창업을 시작하지만, 실제로 창업해 보면 순이익은 직장 월급보다 작고, 정신적 스트레스만 더 받는 경우가 허다하다는 것을 깨닫게 됩니다. 매출이 크면 이익도 커질 거라는 단순하고 잘못된 생각으로 가게를 운영하기 때문입니다.

앞서 말했듯 많은 이들이 매출을 올리기 위해 무작정 서비스와 할인을 거듭하고 영업 시간과 배달 구역을 늘립니다. 이렇게 모든 수단과 방법을 동원해 매출을 올리려고 했지만 생각만큼 결과가 나오지 않으면 절망에 빠집니다.

이런 사장님들에겐 공통점이 있습니다. 뻔한 방식을 고집

해서 매출이 올랐을 때는 기세가 등등할지 몰라도 결국에는 무너진다는 것입니다. 그리고 운 좋게 매출이 늘 순 있지만, 매출과 비례해서 이익이 늘지 않는다는 것을 앞서 배웠을 것입니다.

때문에 배달 창업을 준비 중이라면 세무와 회계 지식을 필수로 익혀야 합니다. 매출은 고객이 가져다주지만 이익은 사장 본인이 만들어가야 합니다. 배달 창업을 준비할 때 이 두 가지에 집중하면 실패하지 않습니다.

앞서 말했듯 배달 사업으로 성공하려면 누구나 생각하는 '매출 향상'에 대한 욕심을 버리고 '이익 향상'을 고민해야 합니다. 전자에는 정답이 없지만, 후자에는 정답이 있습니다. 많은 사업자들이 정답이 없는 문제를 어떻게든 해결하려고 발버둥 칩니다. 학창 시절 시험을 칠 때 모르는 문제가 있으면 우선 확실하게 답을 아는 문제부터 찾아 풀던 기억이 있을 것입니다. 모르는 문제를 계속 붙잡고 있으면 다른 문제는 풀 수 조차 없습니다. 그러니 정답을 아는 문제부터 풀어나가야 합니다. 창업도 마찬가지입니다. 정답이 없는 문제를 끝까지 붙잡고 있다가는 돈과 시간만 허비한 채 폐업의 길로 들어서게 될 뿐입니다.

여러 번 반복해 말하지만, 배달 창업의 목적은 음식을 판매해서 돈을 버는 것입니다. 본업이 잘되지 않으면 부업을 해서라도 돈을 벌어야 합니다. 이러한 부업을 회계에서는 '영업 외 수익'이라고 합니다. 회계는 본업으로 돈 버는 방법을 가르쳐 주고, 세무는 부업으로 돈을 아껴주거나 돈을 벌어다 주기도 합니다. 참고로 제가 운영하는 가게의 부가가치세는 0원입니다. 종합소득세도 절세를 통해 최소화합니다. 내야 할 세금은 다른 사업자들에 비해 당연히 적고, 세무 지식으로 매월 부가적인 수입을 얻기도 합니다.

남들처럼 목 좋은 상권, 근사한 인테리어를 고집하면 문제를 해결할 수 없습니다. 적은 돈으로 시작해 잃을 것이 없는 사업을 해야 합니다. 그래야만 차근히 기회를 쌓아 다양한 도전을 할 수 있습니다. 잃을 것이 많으면 새로운 것을 시도하기 어려워지는 법입니다. 하지만 누구도 쉽게 생각하지 못하는 것을 먼저 생각하고 행동으로 옮겨야 쉽게 돈을 벌 수 있습니다. 매출을 예상해서 남는 이익을 챙기는 게 아니라 원하는 이익을 먼저 설정해야 합니다. 이익을 먼저 설정하면 어떻게 벌 것인지 고민할 수 있습니다.

애석하게도 성공하는 창업 비법 같은 것은 사실 없습니다. 그런 비법이 있었다면 모든 자영업자가 힘들게 장사하지 않을 것입니다. 쉽게 비법을 얻으려고 하지 말고 스스로 끊임없이 공부해야 합니다. 남보다 잘하려고 욕심내기보다는 어제의 나보다 잘하려고 노력해야 합니다. 이 책을 통해 해결할 수 있는 문제부터 풀어나가는 독보적인 사장님이 되길 바랍니다.

메모 습관이
부지런한 사장을 만든다

창업을 준비하고 있다면 반드시 메모하는 습관을 들이도록 합시다. 사람은 망각의 동물이기 때문에 아무리 기억력이 좋더라도 시간이 지나면 잊어버리기 마련입니다. 어제의 일, 지난 주의 일도 명확하게 생각나지 않는 것이 당연합니다. 그러니 일을 하면서 얻은 경험뿐만 아니라 창업에 필요한 집기류, 시설, 설비 등도 꼼꼼히 메모해야 합니다. 그래야 창업 과정이 수월해집니다.

창업하려면 점포도 찾아야 하고 필요한 집기와 설비도 갖춰야 합니다. 이 과정에서 무엇이 얼마나 필요한지도 모른 채 무작정 사들이기만 하면 불필요한 비용을 지출할 수밖에 없습니다. 창업에는 생각보다 필요한 것이 많은데 개업 직전에 닥치면 생각나지 않는 경우가 허다합니다. 그리고 막상 가게를 운영하다 보면 부족한 것들이 눈에 띄고 당장 필요한 것을 갖춰두지 않아 곤란해지는 경우가 종종 있습니다. 그러니 창업 전에 다양한 경험을 하면서 필요한 집기와 수량, 시설, 설비들이 어떤 것이 있는지, 점포를 얻을 때 꼭 주의사항 등을 메모해두도록 합시다.

예를 들어 아래의 표는 제가 창업을 준비하며 메모해두었던 필요 물품 목록입니다. 생각날 때마다 미리 메모해놓은 결

창업 시 필요 물품 목록 예시

연번	품목 및 품명	수량
1	튀김기 바스켓	1
2	튀김기 중간 칸막이	3
3	튀김 집게(1.5x35cm)	2
4	튀김 집게(1.7x24cm)	5
5	거품기(8x29.5cm)	1
6	뜰채(35cm)	1
7	뜰채(25cm)	1
8	타이머	10
9	점화 라이터	2
10	테이프 커터	2

과, 꼭 사야 할 집기류만 60여 가지 정도 되었는데 미리 메모 해놓지 않았더라면 이 많은 것들을 어떻게 모두 기억하고 샀을까 싶습니다.

그리고 직원으로 일하며 경험을 쌓다 보면 '나는 이렇게 하지 말아야지', '이런 부분은 꼭 내 가게에도 적용해야지' 등 느낀 점이 있을 것입니다. 이러한 부분들을 메모해 놓으면 나중에 내 가게를 운영할 때 많은 도움이 됩니다. 초심을 잃지 않기 위해 자신과 약속을 메모하는 것입니다. 자신과 싸움을 이겨내는 사람만이 오래갈 수 있고 위기를 기회로 만들며 변화를 거듭해 성공할 수 있습니다.

저는 항상 머릿속을 스치는 아이디어, 마음가짐 등을 메모해두고 육체적으로, 정신적으로 지칠 때마다 그 메모를 보며 마음을 다잡습니다. 며칠 전에 생각한 아이디어가 금세 잊히는 것을 수십 번 반복하다 보니 꼭 그때그때 메모해야겠다는 결심이 섰습니다. 그리고 지금 쓰는 핸드폰에도 무수히 많은 메모가 저장되어 있습니다. 마음이 흐트러질 때마다 메모장을 열어 보면 메모를 적을 당시의 결심을 되새길 수 있고 그

느낌을 바탕으로 자신과 싸움에서 승리할 수 있습니다.

마음가짐의 문제뿐만 아니라 메모는 실질적인 부분에서도 많은 도움이 됩니다. 창업 전 배달의 민족, 요기요 등의 애플리케이션을 통해 잘되는 가게를 벤치마킹하며 배울 만한 점을 메모해두면 애플리케이션 관리에 도움이 됩니다. 첫 창업이라면 특히 배달 애플리케이션 관리에 미숙할 것입니다. 하지만 메모를 활용하면 훨씬 수월하게 할 수 있을 것입니다.

메모하는 간단한 습관조차도 처음에는 번거롭고 어려울 수 있습니다. 하지만 시작하는 순간 창업 과정과 생각이 바뀌고 더 나은 사람이 될 수 있습니다. 아무리 어렵고 힘들더라도 꾸준히 하다 보면 어느새 몸과 마음이 익숙해져 습관이 됩니다. 메모하는 습관이 부끄럽다고 생각해서는 안 됩니다. 메모는 우리를 키워주고 이끌어 주는 원동력입니다. 더불어 일주일 전, 한 달 전, 일 년 전의 생각을 다시 불러오는 타임머신 역할도 합니다.

사람은 망각의 동물이라는 것을 잊지 말고 메모하는 습관을 통해 더 큰 사람이 되기 위한 발판을 마련하길 바랍니

다. 이 책을 읽으면서도 필요한 부분을 메모하면서 보다 철저
하게 창업을 준비하시길 바랍니다.

화요일

배달의 민족
활용법

가게 관리

 배달 창업을 준비 중이라면 배달 애플리케이션인 '배달의 민족'을 활용할 줄 알아야 합니다. 배민 사장님 광장의 셀프 서비스 중 가게 관리에서 활용할 수 있는 사항을 알아보겠습니다.

배달의 민족 사장님 광장—가게 관리

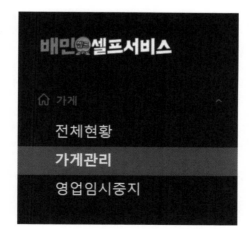

가게 관리를 클릭하면 기본 정보, 운영 정보, 주문 정보, 배달 정보를 입력하거나 수정할 수 있습니다.

기본 정보에서 중요한 것은 가게 영상과 사진, 가게 소개글입니다. 고객이 배달의 민족 애플리케이션에서 가게를 클릭해 들어오면 '정보 탭'이 노출됩니다. 가게 소개글은 500자 내로 작성할 수 있으며, 뻔한 얘기보다 가게를 운영하는 가치관이나 우리 가게의 특별한 점을 내세우는 것이 좋습니다. 반드시 고객 입장에서 와닿을 만한 문구를 작성해야 합니다.

가게 콘텐츠 보드(영상, 사진)는 클릭이 주문으로 이어지는 데에 큰 역할을 합니다. 고객 입장에서 이런 소개 문구를 읽는 것은 지루한 일이지만, 짧고 강렬한 영상과 사진이 있다면 한 번쯤 눈길이 가기 마련입니다. 콘텐츠는 형식(이미지/GIF/동영상)과는 무관하게 최대 4개까지 등록 가능합니다.

이미지, GIF, 동영상을 첨부하고 설명글을 짧게 작성할 수도 있습니다. 콘텐츠 보드는 텍스트로 표현하기 어려운 정보를 이미지, GIF, 동영상으로 표현하는 영역인 만큼 긴 글을 작성하는 것은 좋지 않습니다.

동영상을 업로드할 경우, 제작한 영상을 유튜브에 직접 업로드해야 합니다. 그리고 해당 영상의 링크를 복사 및 붙여넣

기해 등록할 수 있습니다. 고객이 영상을 재생하면 유튜브 영상 제목이 함께 노출되므로 이 역시 가게와 어울리게 작성해야 합니다.

동영상을 업로드하는 것보다는 GIF 파일을 등록하는 것이 더 간단합니다. 먼저 스마트폰으로 인사 영상, 조리 영상 등 필요한 영상을 촬영합니다. 그리고 '구글 플레이' 또는 '앱스토어'에서 GIF 변환 애플리케이션을 다운받습니다. 다운받은 애플리케이션에서 동영상을 GIF 파일로 변환해 저장한 뒤 가게 관리를 통해 등록하면 됩니다.

다음은 콘텐츠 형식별 업로드 조건입니다.

콘텐츠 형식별 업로드 조건

	이미지	GIF	동영상
확장자	JPG, PNG	GIF	
용량	최대 10MB	최대 10MB	제한없음
사이즈/비율	최소사이즈 700*700 (비율 제한없음)	최소사이즈 250*250 (비율 제한없음)	사이즈 / 비율 제한없음
길이	-	-	최소 5초, 최대 30분

배달 창업 준비 과정에서 영상과 사진을 어떻게 찍을지, 가게 소개글은 어떻게 쓸지 미리 고민하고 준비해야 합니다. 더불어 기본 정보에서 입력할 수 있는 모든 항목(주소, 전화번호 등)은 고객 입장에서 봤을 때 어디에 어떻게 노출되는지 숙지하고 꼼꼼하게 확인한 후 센스 있게 작성하는 것이 좋습니다.

운영 정보에서는 영업 시간을 설정할 수 있으며, 영업 시간은 평일과 주말을 동일하게 설정하거나 직접 별도 설정할 수 있습니다. 그리고 가게 휴게 시간, 휴무일, 휴무일 안내 문구를 작성할 수 있습니다. 휴무일 안내 문구는 정보 탭에서 볼 수 있습니다. 이런 작은 부분까지 고민해서 작성하도록 합시다.

휴무일 안내 문구 예시

휴무일	매주 목요일 / 우천 시 휴무 →비는 배달시간 지연과 음식이 식고 눅눅해지는 원인입니다.

주문 정보에서는 예약 주문 가능 여부와 포장 할인을 설정

할 수 있습니다. 포장 할인은 배민포장주문(배민오더) 광고 상품을 사용하는 가게만 사용할 수 있습니다.

포장 할인은 정액 할인, 정률 할인으로 나뉩니다. 정액 할인은 500원부터 5,000원까지 설정할 수 있고, 정률 할인은 5퍼센트부터 95퍼센트까지 설정할 수 있습니다. 포장 할인을 설정해 놓으면 고객이 포장 주문할 때 자동으로 할인이 적용됩니다. 참고로 추후 혜택 관리를 통해 포장 할인 쿠폰을 설정한다면 고객이 포장 할인과 포장 할인 쿠폰을 중복으로 사용할 수 있으니 주의해야 합니다. 예를 들어 가게 관리—주문 정보에서 포장 할인 2,000원을 설정하고, 혜택 관리에서 별도로 포장 할인 2,000원 쿠폰을 발행한다면 고객은 4,000원을 할인 받을 수 있게 됩니다.

예시
15,000원 이상 주문 시 배달 팁 2,000원
30,000원 이상 주문 시 배달 팁 1,000원
50,000원 이상 주문 시 배달 팁 0원

기본 배달 팁은 주문 금액별로 설정할 수 있으며, 이는 최대 3항목까지 설정할 수 있습니다. 추가 배달 팁 설정을 원한

다면 지역과 시간, 공휴일 여부에 따라 추가 배달 팁을 적용할 수 있습니다. 하지만 과도한 배달 팁 설정은 고객 주문에 있어 부정적인 영향을 끼칠 수 있으니 신중하게 고민하는 것이 좋습니다.

마지막으로 배달 정보에서는 배달 가능한 지역을 직접 설정하고, 배달 지역 안내 문구를 작성할 수 있습니다. 배달 지역을 행정동 또는 반경으로 설정할 수 있어 정확하게 배달 가능한 지역에만 광고를 노출할 수 있습니다. 그리고 배달 가능 지역으로 설정된 구역일지라도 일부만 배달 가능하다면 행정동 일부 구역 지우기를 통해 배달 지역을 원하는 대로 설정할 수 있습니다.

배달 지역은 무작정 넓게 설정하는 것보다 음식을 고객이 만족할만한 상태로 배달할 수 있는 지역까지 설정하는 것이 좋습니다. 음식이 식었거나, 불었거나, 늦게 배달된다면 그 고객은 다음 번에는 우리 가게를 이용하지 않을 뿐만 아니라 리뷰 역시 좋게 작성할 리 없습니다. 눈앞의 작은 욕심 때문에 소중한 가게의 앞날을 망치지 않길 바랍니다.

배달 창업을 준비하는 과정에서 행정 업무, 가게 시설 및 설비를 준비하느라 충분히 바쁘겠지만, 이처럼 애플리케이션에서 가게를 꾸미는 것도 소홀히 해서는 안 됩니다. 배달 매장은 배달 어플리케이션을 통해 가게와 음식을 고객에게 선보이고 소통하기 때문입니다. 그러니 배달의 민족, 요기요, 쿠팡이츠 등의 애플리케이션을 능숙하게 사용할 수 있어야 합니다.

공지와 사장님 한마디
작성하기

 배달의민족 셀프서비스 중 가게 공지, 사장님 한마디를 잘 활용하면 돈 한 푼 들이지 않고도 가게를 홍보할 수 있습니다. 고객 대다수는 메뉴를 선택할 때 리뷰를 가장 먼저 봅니다. 그런데 리뷰를 보기 위해서는 공지와 사장님 한마디를 지나가야 합니다. 따라서 가게 공지와 사장님 한마디를 소홀히 여기면 안 됩니다.

공지와 사장님 한마디에는 원하는 사진(매장 사진, 메뉴 등) 3장과 매장 홍보 문구(최대 1,000자)를 작성할 수 있습니다. 이를 잘 활용해 고객에게 정확하고 강한 메시지를 전달하여 주문으로 이어질 수 있도록 해야 합니다. 이때 최적화 이미지는 1280×560px이며, 이미지를 2개 이상 등록할 경우 두 번째 이미지가 반 정도 접혀 보일 수 있습니다. 이미지 등록 후 꼭 고객의 입장에서 생각해 보는 습관은 필수입니다.

대부분의 배달 매장은 사장님 공지에 리뷰 이벤트 품목, 참여 방법, 할인 행사 문구 등을 적어둡니다. 그리고 한 번 작성한 뒤에는 더 나은 문구를 고민하지 않습니다. 배달 매장의 가장 중요한 요소인 맛, 청결, 친절함 등을 강조하지 않고, 할인과 서비스 위주로 작성합니다. (이익이 중요하다는 것 기억하시죠?)

하지만 저는 고객이 지루해하지 않도록 문구와 사진을 자주 변경하여 주문으로 이어질 수 있도록 합니다. 예를 들어 새 기름으로 교체할 때마다 깨끗한 기름 사진을 날짜와 함께 찍어 올립니다. 또 식자재가 입고되면 신선한 재료 사진을 유통기한과 원산지가 보이도록 찍어 업로드합니다. 깨끗한 주방을 찍어 청결함을 강조하기도 합니다.

사장님 한마디에는 '비가 오는 날에는 도로 사정이 좋지 않아 평소보다 배달 시간이 10분 정도 더 소요될 수 있다'는 양해 문구나 메뉴 선정이 어려운 고객을 위한 쉽고 간편한 주문 방법, 추천 메뉴 등을 작성할 수 있습니다.

인지도가 높은 프랜차이즈의 경우 누구나 그 음식의 맛, 재료의 품질 등에 대해 잘 알고 있습니다. 예를 들어 맥도날드, BBQ, 스타벅스는 메뉴에 대해 일일이 설명하지 않아도 고객들이 어떤 메뉴가 맛있는지, 어떤 재료를 쓰는지 잘 알고 있습니다. 하지만 인지도가 낮은 프랜차이즈를 운영하고 있다면 자세히 설명해야만 주문으로 이어집니다. 따라서 공지와 사장님 한마디를 제대로 활용해야 합니다.

누구나 하는 리뷰 이벤트 품목, 이벤트 참여 방법, 할인 행사 문구 등으로 사장님 한마디를 작성하면 앞서 살펴보았듯이 매출만 커질 뿐 얻는 이익은 적은 상황이 발생합니다. 다시 강조하지만, 매출이 아니라 이익에 집중해야 합니다. 돈이 드는 홍보(할인, 서비스 등)에 시간을 낭비하지 말고 돈이 들지 않거나 덜 드는 홍보에 집중해야 합니다.

리뷰 이벤트 품목이나 이벤트 참여 방법을 작성한다면 고객이 한눈에 내용을 파악할 수 있도록 간단하고 깔끔하게 공지 이미지를 만들어 올리는 것이 좋습니다. 그리고 고객의 편리성을 위해 리뷰 이벤트 품목을 요청 사항에 적도록 하는 것보다 메뉴를 선택할 때 옵션에서 리뷰 이벤트 참여 여부와 이벤트 품목을 선택할 수 있도록 하는 것이 좋습니다. 이렇게 작은 부분일지라도 고민하고 실천으로 옮긴다면 고객에게

'이 가게는 고객의 입장에서 고민하고 노력하는구나'라는 생각을 심어줄 수 있습니다.

사장님 공지와 한마디는 펼쳐보기 화살표를 눌러야만 전체 내용을 볼 수 있습니다. 사장님 공지는 상단에 위치해 고객들이 많이 보는 편이지만, 사장님 한마디는 스크롤을 더 내려야 하고 펼쳐보기를 한 번 더 눌러야 합니다. 이처럼 사장님 한마디보다는 공지가 더 쉽게 노출되니 이러한 부분을 참고해 고객에게 꼭 알려야 하는 내용은 공지에 적어야 합니다.

메뉴 관리

 메뉴 관리는 메뉴 편집, 옵션 편집, 대표 메뉴 설정, 메뉴 모음컷 등록, 주문 안내·원산지 등록 5가지 서비스로 분류됩니다.

메뉴 편집에서는 메뉴 그룹명, 메뉴 그룹 순서를 설정하거나 메뉴를 추가할 수 있습니다. 메뉴 구성 문구는 메뉴를 클릭하기 전에 보이는 문구입니다. 메뉴 설명은 메뉴를 클릭해서 들어왔을 때 보이는 문구입니다. 그리고 메뉴를 등록할 때 옵션도 함께 등록할 수 있습니다. 메뉴 이미지는 직접 업로드하는 방법과 배달의 민족에 등록된 이미지를 사용하는 방법이 있습니다. 직접 업로드할 경우 크기 1280×1280px 이상, 15MB 이하의 jpg 또는 png 형식의 파일을 등록해야 합니다. 메뉴 그룹명, 메뉴명을 작성할 때 '사장님 추천', '인기 1등'

등 돋보이는 카피 문구를 함께 작성하는 것도 하나의 방법입니다. 마찬가지로 메뉴 구성 문구, 메뉴 설명 문구 등을 작성할 때에는 고객이 볼 때 어디에 어떻게 노출되는지 꼭 확인하고 작성해야 합니다.

옵션 편집은 고객이 메뉴를 클릭했을 때 옵션 사항을 선택할 수 있도록 하는 항목입니다. 예를 들어 옵션에 사이드 메뉴, 음료 등을 삽입하면 고객이 보다 편리하게 주문할 수 있습니다. 치킨집을 예를 들면 옵션 사항에 '반반으로 변경', '콜라를 1.25L'로 변경 등을 추가하는 것입니다. 더불어 '치킨무 대신 콜라 사이즈 업'처럼 기본 구성 대신 다른 구성을 선택할 수 있는 옵션을 넣어 고객들에게 감동을 줄 수 있습니다.

대표 메뉴 설정을 살펴봅시다. 이미지가 등록된 메뉴만 대표 메뉴로 등록할 수 있습니다. 최대 6개까지 대표 메뉴로 등록할 수 있고, 첫 번째 대표 메뉴는 카테고리에서 가게를 둘러볼 때 가게명 아래에 함께 노출됩니다. 그래서 많은 가게가 첫 번째 대표 메뉴명에 할인 문구, 이벤트 문구를 함께 기재하여 고객의 클릭을 유도합니다. 대표 메뉴는 인기가 많은 메뉴, 자신 있는 메뉴, 이익이 많은 메뉴 등 여러 가지를 고려하여 설정하는 것이 바람직합니다.

대표 메뉴 설정 예시

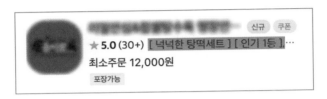

메뉴 모음컷은 메뉴를 한눈에 확인할 수 있도록 여러 메뉴를 모아 촬영한 이미지입니다. 두 개 이상의 메뉴를 모아 촬영한 사진만 등록하도록 권장하고 있습니다. 메뉴 모음컷을 등록하면 가게 배너 영역에 노출됩니다. 가게 배너 영역은 가게를 클릭했을 때 가장 위에 보이는 영역을 말합니다.

주문 안내 문구는 고객이 가게를 클릭해서 들어왔을 때 첫 번째로 보이는 문구입니다. 그러므로 핵심 내용만 작성하여 주문에 도움을 줘야 합니다. 이러한 문구를 작성할 때는 맞춤법을 잘 맞추어 작성해야 긍정적인 인상을 남길 수 있으며 고객이 읽기에도 편리하다는 것을 명심하기 바랍니다. 그리고 포장재에는 원산지 정보를 반드시 표시해야 합니다. 포장재에 표시하기 어려운 경우에는 전단지, 스티커, 영수증 등에 표시해야 합니다. 그리고 원산지가 다른 식자재를 사용했을 경우 섞음 비율이 높은 순서대로 표시해야 합니다.

예시
- 국내산(국산)의 섞음 비율이 외국산보다 높은 경우
  : 불고기 피자(쇠고기: 호주산, 돼지고기: 국내산과 미국산 섞음)
- 국내산(국산)의 섞음 비율이 국산보다 낮은 경우
  : 불고기 피자(쇠고기: 호주산, 돼지고기: 미국산과 국내산 섞음)

일반음식점의 원산지 표시 대상 품목은 총 24개입니다. 농산물, 축산물, 수산물로 나뉘며, 다음의 표를 통해 확인해 보겠습니다.

일반음식점 원산지 표시 대상 품목

농산물(3종)	쌀(밥, 죽, 누룽지), 배추김치, 콩 (두부류, 콩국수, 콩비지)
축산물(6종)	소고기, 돼지고기, 닭고기, 오리고기, 양고기, 염소고기 (유산양 포함)
수산물(15종)	넙치, 조피볼락, 참돔, 미꾸라지, 뱀장어, 낙지, 명태, 고등어, 갈치, 오징어, 꽃게, 참조기, 다랑어, 아귀, 주꾸미

광고 관리

 배달의 민족 사장님 광장—셀프서비스—광고 관리를 통해 원하는 날짜에 직접 광고 상품을 추가하고 해지할 수 있습니다. 정기 광고 결제 내역에서는 월별로 결제된 금액과 해당 금액에 대한 광고 기간을 확인할 수 있습니다.

배달의 민족 사장님 광장—광고 관리

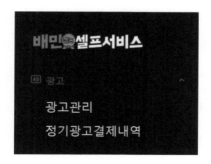

진행 중인 광고도 상품(배민오더, 배민포장주문, 오픈리스트, 울트라콜)별로 확인 가능합니다. 게다가 광고 노출 on/off 버튼을 클릭해 원하는 광고 상품만 노출할 수도 있습니다.

예를 들어 오픈리스트는 주문 금액에 따라 7.48퍼센트의 수수료가 부과되지만, 울트라콜은 월정액 광고비 88,000원만 지출하는 방식입니다. 다만 고객이 바로 결제를 선택한 경우에는 광고 상품에 상관없이 카드 수수료 및 결제망 이용료 1.98~3.3퍼센트가 발생합니다.

만약 새벽에도 영업하는데 주변에는 새벽에 영업하는 가게가 많지 않다면 오픈 리스트 상품은 꺼두어 울트라콜에서만 주문하도록 할 수 있습니다. 이처럼 광고 노출 on/off를 잘 활용하면 비용을 절약할 수 있습니다.

뿐만 아니라 배달 대행 업체를 사용하지 않고 직원이 직접 배달하는 구조라면 먼 지역에 노출되는 울트라콜 광고를 꺼두어 회전율을 높일 수 있습니다. 단, 기타 지면(찜, 맛집 랭킹, 주문 내역, 검색)에서는 계속 노출되며 광고를 끄더라도 가게 운영 시간이라면 주문이 발생할 수 있습니다.

울트라콜 광고에서 자세히 보기를 클릭하면 매월 광고비가 결제되는 날짜를 확인할 수 있습니다. 그리고 지도를 통해 울트라콜 광고 반경을 확인 및 변경할 수 있습니다.

울트라콜은 카테고리별, 지역별로 광고 반경이 다릅니다. 광역시, 그리고 치킨 카테고리의 울트라콜 노출 반경은 1.5km입니다. 만약 울트라콜 주문율이 낮다면 울트라콜 주소지를 변경할 필요가 있습니다. 깃발(울트라콜 주소)을 주기적으로 옮겨 주문이 많이 발생하는 지역을 알아내는 수고가 필요 합니다. 88,000원의 광고비를 효율적으로 사용하려면 직접 통계를 내며 꾸준하게 확인하는 습관을 들여야 합니다.

많은 이들이 무조건 깃발을 많이 꽂아 주문을 더 받으려고 합니다. 고객에게 많이 노출되면 그만큼 주문도 늘어날 것이라는 단순한 생각에서입니다. 하지만 앞서 배웠듯이 주문을 많이 받는 것이 중요한 게 아닙니다. 적은 깃발로 많은 주문을 받아 내게 돌아올 직접 이익을 늘리는 것이 중요합니다.

혜택 관리

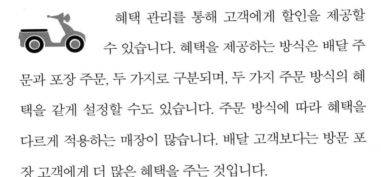

혜택 관리를 통해 고객에게 할인을 제공할 수 있습니다. 혜택을 제공하는 방식은 배달 주문과 포장 주문, 두 가지로 구분되며, 두 가지 주문 방식의 혜택을 같게 설정할 수도 있습니다. 주문 방식에 따라 혜택을 다르게 적용하는 매장이 많습니다. 배달 고객보다는 방문 포장 고객에게 더 많은 혜택을 주는 것입니다.

혜택을 설정하면 가게명 옆에 쿠폰 배지가 노출됩니다. 혜택은 on/off 설정을 통해 켜고 끌 수 있습니다. off를 통해 쿠폰 다운로드를 일시 정지하면 쿠폰 배지와 쿠폰 다운로드 버튼 역시 노출되지 않지만, 이미 고객에게 발급된 쿠폰은 유효기간 내에는 언제든 사용할 수 있습니다. 혜택을 등록할 때 쿠폰의 유효기간 또한 설정할 수 있는데 발급일 포함 14일, 발급일 포함 30일 중에 선택하면 됩니다.

혜택을 설정할 때 혜택명과 노출 기간도 설정할 수 있습니다. 노출 기간은 최소 7일 최대 1년입니다. 그리고 언제든 혜택을 삭제할 수도 있습니다. 혜택명은 고객에게 보이지 않으므로 작성자 본인이 혜택 내용을 쉽게 기억할 수 있도록 작성하면 됩니다.

하나의 혜택에 최대 3개의 쿠폰을 설정할 수 있으며, 주문 금액에 따라 할인 쿠폰 금액을 설정할 수 있습니다. 주문 금액은 최대 10만 원까지 설정 가능하며, 할인 금액은 최소 1,000원부터 최대 10,000원까지 500원 단위로 설정할 수 있습니다.

예시
15,000원 이상 배달 주문 시 1,000원 할인
30,000원 이상 배달 주문 시 2,000원 할인
50,000원 이상 배달 주문 시 3,000원 할인

그리고 쿠폰 내역 조회를 통해 고객들의 쿠폰 발행 내역과 사용 내역을 확인할 수 있습니다. 발행량 많고 사용량은 적다

면 클릭이 주문까지 이어지도록 대책을 내야 합니다. 사용 내역과 발행 내역을 토대로 쿠폰 사용률을 확인해 볼 필요도 있습니다.

혜택 관리 부분에 있어 중요한 사항이 있습니다. 혜택 제공 기한을 제한하지 않으면 고객들은 이벤트 기간이 아닐 때의 정상 가격을 비싸다고 느낍니다. 물론 정상 가격을 받고 파는 것이 말 그대로 정상이지만 고객 입장에서는 그렇지 않을 수도 있습니다. 그러니 꼭 이벤트 기간을 명확하게 설정하고 할인을 남발하지 않도록 합시다.

할인을 제공하기 위해서는 관리 회계를 알아야 합니다. 관리 회계를 알지 못하는 상태로 무턱대고 할인을 제공한다면 눈에 보이는 매출이 늘어나더라도 손실이 발생할 수 있습니다. 앞서 〈월요일: 배달 창업을 준비하는 올바른 자세〉에서 배웠듯이 매출이 중요한 것이 아니라 이익이 중요합니다. 할인 금액에 따라 이익이 얼마나 줄어드는지, 그 이익을 채우기 위해서는 주문이 얼마나 더 들어와야 하는지 알아야 계산할 줄 알아야 합니다.

명심합시다. 관리 회계를 아는 사장님은 절대 계산 없이 할인 금액을 설정하지 않습니다.

통계 관리

 셀프서비스—통계를 통해 광고 상품별로 주문이 얼마나 들어오는지 확인할 수 있습니다. 주문 수뿐만 아니라 노출 수, 클릭 수, 주문 금액, 전화 연결 횟수까지 한눈에 파악할 수 있습니다.

배달의 민족 통계에서 제공하는 '노출 수'란 고객이 카테고리에서 내 가게를 본 횟수입니다. '클릭 수'는 고객이 가게를 직접 클릭한 횟수이며, '주문 수'는 바로 결제, 만나서 결제로 주문한 횟수입니다(전화 주문 횟수 제외). '전화 주문 횟수'는 배달의 민족을 통해 가게로 바로 연결된 횟수이며 주문이 이루어졌는지는 통계만 보고 알 수 없습니다. '기타'는 찜, 장바구니, 주문 내역, 검색 등 광고 상품이 아닌 곳에서 확인되는 데이터입니다.

통계 서비스를 통해 추정 광고비 및 수수료 대비 주문 금액이 얼마인지, 광고 성과는 어느 정도 되는지 알아야 합니다. 오픈리스트 광고 반경은 가게 주소 기준으로 3km이지만 울트라콜 광고 반경은 지역별, 카테고리별로 다릅니다.

배달의 민족 통계 서비스

클릭 수 대비 주문 수가 낮다면 고객이 가게를 클릭한 뒤 주문하지 않고 다른 가게에서 주문했을 가능성이 큽니다. 그렇다면 가게 소개 글, 사장님 한마디, 공지, 메뉴 등을 수정하여 클릭이 주문으로 이어질 수 있도록 노력해야 합니다.

앞서 다뤘듯 서비스 성과가 좋지 않은 스팟의 경우 광고 관리를 통해 울트라콜 주소지를 바꿔 보며 성과를 지켜봐야 합니다. 울트라콜은 설정한 주소지에 따라 고객에게 노출되는 순서가 다르므로 주문이 많이 발생할 것으로 예상되는 주소지 근처로 설정하는 것이 좋습니다. 더불어 점심 시간에는 오피스 상권, 저녁에는 주거 상권으로 변경하여 상위 노출하는 것도 하나의 방법입니다. 계속해서 깃발 주소지를 변경해 봐도 성과가 나지 않으면 광고를 해지하는 것이 좋습니다. 최소 광고비로 최대 주문을 받아야 이익이 커집니다.

노출 수를 늘리기 위해 고객이 많이 검색하는 단어를 사이드 메뉴로 만들기도 합니다. 예를 들어 치킨집에서 유명 브랜드명과 로제 떡볶이, 치즈볼 등을 메뉴명으로 만드는 것입니다. 판매하는 메뉴가 아니지만, 많이 검색하는 단어를 메뉴명으로 만들어 두면 고객이 그 단어를 검색했을 때 가게가 노출됩니다.

고객이 주문으로 이어지는 순서는 '노출→클릭→주문'입니다. 그러니 먼저 돈을 적게 들이고도 노출을 많이 시키는 방법을 고민해야 합니다. 하지만 아무리 노출이 많이 되더라도 주문으로 이어지지 않으면 소용이 없습니다. 고객이 가게를 클릭해서 들어왔을 때 주문으로 이어질 수 있도록 문구나 사진, 동영상, 메뉴 옵션 등을 정비해 두도록 합시다.

요기요를
배달의 민족처럼 활용하기

많은 요식업 사업자들이 요기요는 중개 수수료가 배달의 민족에 비해 비싸고 고객 수요도 적다는 이유로 입점을 꺼립니다. 더불어 애플리케이션 관리, 사장님 사이트 등 다방면에서 배달의 민족이 더 익숙하기도 합니다.

요기요의 주문 중개 수수료는 12.5퍼센트로 부가세를 포함해 13.75퍼센트입니다. 만약 요기요와 제휴 계약을 맺은 프랜차이즈를 운영 중이라면 부가세 포함 8.8 퍼센트의 수수료가 발생합니다. 배달의 민족 오픈리스트와 배민1 기본형 요금제 상품의 수수료가 7.48퍼센트인 것을 생각해 보면 확실히 요기요의 중개 수수료가 높다는 사실을 알 수 있습니다.

중요한 것은 요기요도 배달의 민족 울트라콜처럼 월정액

고정비 광고 상품이 있다는 점입니다. 하지만 요기요에서 따로 홍보하지 않아 많은 이들이 이를 모릅니다. 그리고 이를 알더라도 요기요 매출이 어느 정도 발생해야 수수료 체계가 아닌 월정액 광고 상품으로 전환할 수 있으니 이용하지 않는 경우가 많습니다.

요기요 매출 내역1

매출내역

정산 내역서 다운로드

...대행이용료(VAT포함) (B5)	요가일딜이용료(VAT포함) (B6)	단말기이용료(VAT포함) (B7)	상호추가이용료(VAT포함) (B8)	월정액이용료(VAT포함) (B9)	누적미납요금 (B10)	이미 현장에서 받으신 금액 (B11)
0원	0원	0원	0원	0원	0원	0원
0원	0원	0원	0원	263,670원	0원	0원
0원	0원	0원	0원	0원	0원	0원
0원	0원	0원	0원	0원	0원	0원
0원	0원	0원	0원	0원	0원	0원
0원	0원	0원	0원	0원	0원	0원

앞서 다뤘듯 배달의 민족 울트라콜의 이용 가격은 부가세 포함 월 88,000원입니다. 이는 원하는 깃발 개수만큼 광고를 신청하여 고객에게 중복 노출할 수 있습니다.

요기요 월정액 광고비는 부가세를 포함하여 87,890원입니다. 요기요 월정액 광고 상품은 배달 가능 행정동마다 한 번만 노출 시킬 수 있습니다. 중개 수수료를 내고 이용하는 경우에도 마찬가지로 행정동마다 한 번만 노출됩니다. 하지만 월정액 광고비를 납부하면 주문 금액에 따른 중개 수수료 13.75퍼센트가 부과되지 않습니다. 단, 고객이 요기서 결제 또는 요기서 1초 결제를 이용한 경우에는 외부 결제 수수료 3.3퍼센트가 부과됩니다.

요기요는 배달의 민족과 달리 깃발을 원하는 주소에 설정하여 카테고리 및 지역별로 반경이 설정하는 방식이 아닙니다. 쉽게 말해 행정동 하나당 87,890원의 광고비를 지불하는 것입니다. 만약 배달 구역이 10개라면 878,900원을 월정액 광고비로 지불해야 합니다. 요기요에서는 월정액 광고비 체계와 수수료 체계를 함께 사용할 수 없습니다. 만약 기존에 배달 지역이 행정동 10개였지만, 2개 구역의 매출이 저조해 광고비를 지출하는 것이 손해라고 판단되면 8개의 행정동만 노출 시켜야 합니다. 즉, 8개의 행정동은 월정액 광고비체계로 사용하고 2개의 행정동은 수수료 체계로 사용하는 것은 불가능하다는 뜻입니다. 그러므로 매출이 저조한 행정동은 과감하게 배달 구역에서 정리하는 것이 득입니다.

요기요에서 설정한 배달 가능 행정동이 5개라면 광고비는 87,890원×5=439,350원입니다. 그러므로 주문 금액에 따른 주문 중개 수수료를 지불하는 방식이 아닌 월정액 고정비 상품을 이용하기 위해서는 하나의 행정동에서 640,000원 이상 주문이 발생해야 합니다(640,000원×13.75퍼센트=88,000원). 요기요를 통해 발생한 주문 금액이 행정동마다 640,000원 이상이라면 월정액 상품으로 전환하는 것이 계산상 이득입니다. 또는 요기요 매출 금액이 배달 가능 행정동 평균 640,000원이 넘는다면 월정액 고정비 상품을 사용하는 것이 좋습니다.

주문 금액에 따른 주문 중개 수수료는 매출 6,400,000원×수수료 13.75퍼센트=880,000원입니다. 월정액 광고 상품을 사용하면 행정동 10개×87,890원=878,900원입니다. 즉, 배달 행정동이 10개일 때 중개 수수료를 지불하지 않고 월정액 광고 상품을 사용해 요기요 매출이 6,400,000원보다 더 발생하면 계산상 이득이 되는 것입니다.

요기요 월정액 광고 상품은 매월 1일부터 15일까지 가입 신청을 받고 있으며, 가입 신청이 완료되면 다음 달부터 중개 수수료를 부과하지 않고 월정액 광고비로 요기요를 사용할 수 있습니다.

요기요에서 말하는 행정동에 대해 알아봅시다. 예를 들어

서울특별시 강남구 논현동이라고 가정해 보겠습니다. 논현동은 논현1동, 논현2동으로 나뉩니다. 때문에 월정액 광고비 상품을 사용하는 경우 2개의 행정동에 가입해야 합니다(87,890원×행정동 2개=175,780원).

요기요 월정액 광고비를 사용하는 한 매장의 2021년 7월 매출을 기준으로 수수료를 얼마나 아꼈는지 살펴보겠습니다. 해당 매장은 3개의 행정동만 배달 구역으로 설정했습니다.

요기요 매출 내역2

전체주문 (2021-07-01 ~ 2021-07-31)	**353건**	조회기간 내 터치주문 금액 합계	**7,806,000원**
· 터치주문	(성공 353 + 취소 0) **353건**	· 온라인결제	7,806,000원
		· 현장결제	0원

7월 한 달간 3개의 행정동에서 7,806,000원의 온라인 결제 매출이 발생했습니다. 위의 경우 263,670원의 광고비를 지불했습니다(87,890원×행정동 3개). 만약 월정액 광고비 체계가 아닌 수수료 체계로 요기요를 운영했다면 7,806,000원×13.75퍼센트=1,073,325원의 수수료가 발생했을 것입니다.

위 사장님은 요기요를 현명하게 활용한 덕에 809,955원을 절약할 수 있었습니다. 배달의 민족보다 적은 광고비로 더 많은 매출을 올렸을지도 모릅니다. 배달의 민족은 행정동당 여러 개의 깃발을 설정하므로 하나의 행정동에 몇 배의 광고비를 투자해야 했을지도 모르니까요.

위와 같은 매장은 요기요에서도 리뷰 이벤트와 같은 공격적 마케팅을 활용할 여건이 마련되어 있습니다. 때문에 오히려 요기요에서 주문이 많이 발생하는 구조가 만들어지며, 배달의 민족 울트라콜과 비슷한 이익이 발생하기 때문에 중개수수료도 걱정하지 않아도 됩니다. 만약 위 사장님이 요기요 월정액 광고 상품을 몰랐다면 809,955원의 지출이 더 발생했을 것입니다.

월정액 광고비를 지불하고 요기요를 사용하려면 사장님의 모든 배달 행정동에서 주문 금액이 얼마가 나오든 모든 행정동을 월정액 광고비를 지불하고 사용하던지, 주문 금액이 많이 발생하지 않는 행정동은 배달 가능 행정동에서 삭제하는 것이 유리합니다. 배달 가능 행정동이 몇 개 없는 특수 상권에서는 요기요의 월정액 광고 상품을 사용하는 것과 배달의 민족의 울트라콜을 사용하는 것에 큰 차이점이 없기 때문에 요기요를 배달의 민족처럼 활용할 수도 있습니다.

요기요를 이용 중이고 하나의 행정동에서 64만 원 이상의 매출이 발생한다면 꼭 매장 사정에 맞추어 계산해 보고 월정액 광고비를 활용하시기 바랍니다.

수요일

프랜차이즈
선정 방법

프랜차이즈가 당신의 성공을
보장해 주지는 않는다

프랜차이즈로 시작한다고 해서 투자한 돈을 100퍼센트 지킬 수 있는 것은 아닙니다. 더불어 사장님이 원하는 이익을 마음대로 창출할 수 없다는 것을 알아야 합니다. 프랜차이즈는 그저 초보 창업자를 위해 누구나 쉽게 따라할 수 있도록 교육, 마케팅, 물류 공급, 상권 분석, 메뉴 개발 등을 지원해 줄 뿐입니다. '어떤 프랜차이즈를 운영하느냐'가 중요한 게 아니고 '누가 어떻게 운영하느냐'가 중요합니다. 같은 프랜차이즈를 운영해도 매출 상위권인 가맹점이 있고 하위권인 가맹점이 있습니다. 똑같은 교육, 똑같은 본사 지원을 받는데 왜 승승장구하는 가맹점이 따로 있을까요? 개인차, 즉 운영하는 사람이 다르기 때문입니다. 같은 프랜차이즈라도 지점에 따라 매출이 크게 차이 나는 이유입니다.

아직 한 번도 배달 창업을 해 보지 않았다면 개인차를 최소화하기 위해 경험이 뒷받침되어야 합니다. 프랜차이즈 가맹점에 직원으로 입사해서 그 프랜차이즈의 특징, 기술, 노하우를 배워서 경험을 쌓고 시작해야 합니다.

유명 프랜차이즈 가맹점이 매물로 나오는 이유는 무엇일까요? 다양한 이유가 있겠지만 장사가 잘 안돼서 매물로 나오는 경우가 대다수입니다. 그런 매물을 내놓으면서 개인 사정으로 제대로 운영하지 못해 그만두게 됐을 뿐, 열심히만 하면 분명 잘되는 매장이라고 둘러대며 매매하는 일도 아주 많습니다.

이는 유명 프랜차이즈도 장사가 잘 안될 수 있다는 것을 뜻합니다. 벼룩시장, 카페만 찾아 봐도 많은 프랜차이즈 매장이 매물로 나와 있는 것을 확인할 수 있습니다. 배달 창업을 시작하는 데에 있어 브랜드 파워가 중요하지 않음을 증명하는 것입니다.

장사의 성공 여부는 자신에게 달려 있다는 것을 모르고 가진 돈에 대출까지 끌어모아 굳이 프랜차이즈로 시작하는 것은 경쟁에서 살아남을 자신이 없다고 말하는 것과 다르지 않습니다.

다양한 프랜차이즈에서 일해보며 얻은 경험으로 내 가게를 시작할 때는 가맹점과 상생하는 브랜드를 선택해야 합니다. 즉, 프랜차이즈를 선택하는 목적이 유명세 덕을 누리기 위해서가 아닌, 먼저 성공한 이들에게 노하우와 기술을 배우는 것이 되어야 합니다. 가맹점이 되더라도 처음부터 모든 것을 잘하는 사람은 없습니다. 그러니 가맹점으로 시작하는 것이 무조건 좋은 선택은 아니라는 것을 명심하고 프랜차이즈를 잘 이용하는 사람이 되어야 합니다.

프랜차이즈 본사는 가맹점들의 부모와도 같은데 이들은 생각보다 가맹점을 돌보거나 보호하려고 하지 않습니다. 무책임한 프랜차이즈가 꽤 많은데 이를 모르는 이들은 영업 사원의 달콤한 말에 속아 덥석 창업하기도 합니다. 보통 영업 사원은 수당제이기 때문에 그들은 단지 계약을 성사시키기 위해 달콤한 말만 쏟아냅니다. 이런 이들보다는 솔직하게 시장 상황을 인지시켜주고 당신에게 생각할 시간을 충분히 주는 프랜차이즈를 선택하는 것이 좋습니다. 자기 자신이 주체가 되어 올바른 판단을 할 수 있어야 합니다. 무작정 프랜차이즈를 생각하고 있었다면 이 책을 통해 새로운 시각에서 프랜차이즈를 바라보길 바랍니다.

무작정 프랜차이즈로 브랜드 덕을 누리기 보다는 창업하는 데에 있어 어떤 사람이 되고 싶은가를 1순위로 생각해 보기를 바랍니다.

원가표를 보여줘!

이 책을 읽고 있는 당신은 가게에서 판매하는 음식의 매출 원가가 매출의 몇 퍼센트를 차지하고 있는지, 모든 메뉴의 매출 원가 평균은 몇 퍼센트인지 알고 있나요? 사업자라면 반드시 이러한 사항을 알고 있어야 합니다. 그래야만 이익률을 개선해 나갈 때 어렵지 않게 접근할 수 있습니다. 얼마가 남는지도 모르고 가게를 운영한다는 것은 말이 되지 않는 소리임에도 불구하고 많은 이들이 자기 가게의 이익을 정확하게 알지 못하고, 심지어 알려고 하지도 않으면서 아는 척만 합니다.

'매출 원가'란 제품을 판매할 때 매출에 대응하는 매입 원가를 말합니다. 예를 들어 치킨 한 마리를 배달 대행을 통해 판매했다고 가정해 보면 판매 가격 15,000원(매출)에 대응하는 원가에는 닭, 파우더, 치킨 무, 식용유, 박스, 비닐봉지, 소

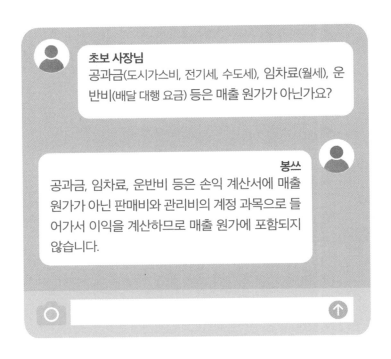

초보 사장님
공과금(도시가스비, 전기세, 수도세), 임차료(월세), 운반비(배달 대행 요금) 등은 매출 원가가 아닌가요?

봉쓰
공과금, 임차료, 운반비 등은 손익 계산서에 매출 원가가 아닌 판매비와 관리비의 계정 과목으로 들어가서 이익을 계산하므로 매출 원가에 포함되지 않습니다.

스, 젓가락 등이 있습니다.

보통 프랜차이즈의 매출 원가는 적게는 30~35퍼센트, 많게는 40~45퍼센트입니다. 매출 원가가 높다는 것은 그만큼 여러분이 가져가는 이익이 적다는 뜻입니다. 그래서 프랜차이즈를 선정할 때는 꼭 매출 원가가 매출 대비 몇 퍼센트를 차지하는지 정확하게 확인해야 합니다.

프랜차이즈 가맹 상담 시에는 당당하게 "매출 원가표 보여

주세요!"라고 말할 수 있어야 합니다. 만약 "매출 원가표는 없고 매출 원가는 40퍼센트 정도 됩니다"라고 대답한다면 그 말을 그대로 믿어서는 안 됩니다. 하지만 정확한 매출 원가표를 보여준다면 점주의 이익을 위해 매출 원가표라는 자료를 준비했다는 것이므로 검토해봄 직합니다.

프랜차이즈 본사 직원의 '우리 브랜드는 매출 원가가 타사보다 낮다'는 말만 믿고 덜컥 창업했다가는 인생이 고달파질 수 있습니다. 그들 말로는 매출 원가가 40퍼센트라고 했지만, 실제로 겪었을 때 50퍼센트라면 예상보다 이익이 10퍼센트나 덜 남게 됩니다.

대부분 예비 창업자는 프랜차이즈를 선정할 때 음식의 맛, 인지도, 투자 비용을 중요시하여 결정합니다. 하지만 그보다 매출 원가를 먼저 헤아려 봐야 합니다. 여러 프랜차이즈를 비교해 보며 매출 원가가 평균이거나 평균보다 낮은 프랜차이즈를 우선 알아보고 그 외 부분을 고려하는 것이 중요합니다.

매출 원가가 이익에 얼마나 중요한 부분을 차지하는지 예를 들어보겠습니다.

A 프랜차이즈와 B 프랜차이즈 모두 치킨을 판매하는 회사

입니다. 두 프랜차이즈의 치킨 판매 가격은 15,000원으로 동일합니다. A 프랜차이즈는 매출 원가는 35퍼센트이며 B 프랜차이즈는 매출 원가는 45퍼센트입니다.

A 프랜차이즈에서 치킨 한 마리를 팔 때마다 발생하는 이익은 9,750원입니다.

매출-매출 원가= 15,000원-5,250원

B 프랜차이즈에서 치킨 한 마리를 팔 때마다 발생하는 이익은 8,250원입니다.

매출-매출 원가= 15,000원-6,750원

두 프랜차이즈에서 각각 치킨 한 마리씩을 팔았을 때 이익에는 1,500원의 차이가 있습니다. 이는 매우 적은 금액 같지만 이들이 한 달 동안 각각 1,000마리씩을 팔았다면 두 가맹점의 이익 차이는 150만 원이나 됩니다. 1년간의 이익 차이는 무려 1,800만 원입니다. 이것이 매출 원가를 고려하지 않고 인지도만으로 프랜차이즈를 선택하면 안 되는 이유입니다.

이익을 많이 남기기 위해서는 매출 원가가 적어야 합니다. 손익 계산서의 첫 항목으로 등장하는 이익은 매출 총 이익입니다. 프랜차이즈의 경우 가맹점의 재료 대부분을 본사에서 납품하기 때문에 매출 원가가 아주 중요합니다.

자율권을 줘!

 브랜드에 어느 정도 힘이 있는 프랜차이즈는 교육비부터 가맹비, 인테리어, 간판, 집기류, 시설, 설비, 물류, 메뉴 등 모든 부분에서 수익을 남깁니다. 본사에서 수익을 남긴다는 것은 가맹점 사업자 입장에서는 자율권이 없는 것과 마찬가지입니다. 더불어 메뉴, 가격, 신메뉴, 영업 반경, 영업 시간, 심지어 휴무일까지도 사장 마음대로 정할 수 없습니다. 그래서 천만 원으로 창업하기 위해서는 유명 브랜드의 프랜차이즈는 거르는 것이 좋습니다.

앞서 유명 프랜차이즈를 운영한다고 해서 소중한 창업 자금이 무조건 보장되지도, 이익이 보장되지도 않는다는 것을 설명했습니다. '무슨 브랜드를 운영하느냐'가 아니라 '누가 운영하느냐'가 중요하므로 우선 무엇을 해도 잘할 수 있는 사람이 되어야 합니다.

배달 창업을 준비할 때 프랜차이즈는 내부 인테리어, 시설 및 설비, 집기류, 간판 등에 일관성을 요구하기 때문에 인테리어 비용에 몇천만 원, 간판에 몇백만 원, 시설 및 설비에 또 몇천만 원을 투자해야 할 수도 있습니다. 때문에 자율성이 없는 프랜차이즈를 선택하면 오로지 매출에 집중할 수밖에 없는 구조가 되어버립니다. 큰돈을 투자했기 때문에 그 돈을 회수하기 위해 무조건 많이 팔아야 한다는 생각뿐인 상황에 빠지게 됩니다.

유명 프랜차이즈 중에는 영업 시간이 15시간인 곳도 있고, 휴무일이 두 달에 겨우 한 번인 곳도 있습니다. 따지고 보면 결국 나를 위해 장사하는 것인데 원하는 날에 쉬지도 못하고 억지로 영업 시간을 지켜야 한다니. 이는 우리가 장사를 시작한 이유와 맞지 않습니다.

자율성이 있는 프랜차이즈를 선택하면 대부분 매출 원가가 높지 않기 때문에 이익에 집중할 수 있습니다. 반대로 자율성이 없는 프랜차이즈로 시작하면 높은 매출 원가 때문에 판매비와 관리비를 무리하게 아낄 수밖에 없습니다. 즉, 직원을 쓸 여유가 없으며, 무더운 여름에도 에어컨 사용을 주저하게 되고, 영업 시간 내내 죽어라 일할 수밖에 없습니다. 프랜차이즈 본사에서 추천한 목 좋은 상권에서 비싼 임대료를 주면서 가게를 시작했기 때문에 일정한 매출이 보장되어야 합니다. 매달 매출이 일정하게 발생하지 않으면 가게 운영이 어려워지기 때문입니다. 그래서 힘든 상황이 닥치면 가게를 운영하기 위해서 대출을 받아 비싼 임대료를 내고, 직원 월급을 주고, 조금이라도 더 팔기 위해 돈을 들여 홍보하고, 또 대출을 받고……. 이렇게 다람쥐 쳇바퀴 돌듯 악순환을 반복하다가 폐업하게 됩니다. 상황이 이렇게 되면 다시는 되돌릴 수도 없고 빚과 후회만 남습니다.

자율성이 있다는 것은 본사에서 이익을 거의 취하지 않는다, 즉 본사 이익을 최소화하고 있다는 뜻입니다. 이런 부분에서 자율성을 갖추고 발품을 팔며 찾아다니면 모든 것을 본인이 직접 확인할 수 있어 경험도 쌓이고 돈도 아낄 수 있습니다.

또한 간판, 냉장고, 튀김기 등 시설 및 설비가 비싸다는 고정관념은 버려야 합니다. 알고 보면 배달 창업에는 채 1,000만 원도 들지 않습니다. 배달 창업에 있어 중요한 것은 오직

장사 철학, 음식의 맛, 음식의 가치, 고객을 감동시키는 전략
등을 제대로 준비하여 장사하는 것이기 때문입니다.

선택해야 하는 프랜차이즈

 창업은 하고 싶은데 도저히 어디서부터 어떻게 시작해야 할지 모르겠다면 차라리 프랜차이즈를 알아보는 것이 현명한 방법일 수도 있습니다. 다만 자기 자신이 주체가 되어 가맹점주를 위한 프랜차이즈를 선택해야만 합니다. 저 또한 첫 장사는 프랜차이즈로 시작했으니까요.

치킨 프랜차이즈의 경우 처음 듣는 프랜차이즈, 들어보지도 못한 프랜차이즈, 누구나 아는 프랜차이즈 등 그 수가 너무나도 많습니다. 꼭 프랜차이즈를 창업하고자 한다면 첫 번째, 가맹비, 교육비 등 지출하는 비용이 없거나 아주 적게 들어가는 프랜차이즈를 선택해야 합니다. 요즘에는 가맹비, 교육비가 저렴하거나 없는 경우도 많습니다. 있더라도 몇십만 원에서 많게는 백만 원 정도로 실제 교육에 필요한 교육비만 받는 프랜차이즈를 찾는 것이 좋습니다. 가맹비, 교육비 등이 없다면 소규모 프랜차이즈일 가능성이 큽니다. 이들은 가맹점을 늘리기 위해 본사의 이익을 최소화합니다. 이들처럼 기술력은 갖췄지만 아직 가맹점이 많지 않아 비용이 들지 않는 프랜차이즈를 찾아보는 것이 좋습니다. 주의할 점은 초기 비용이 없는 프랜차이즈라고 해서 아무 브랜드나 택해서는 안 되고 반드시 확실한 강점을 갖춘 프랜차이즈를 찾아야 한다는 것입니다.

두 번째로 매출 원가가 낮은 프랜차이즈를 선택해야 합니다. 아직 체계적인 물류 시스템이 갖춰지지 않아 주재료만 본사에서 공급하고 부재료는 개별적으로 구매할 수 있는 프랜차이즈가 있습니다. 또는 가맹점을 위해 본사 이익을 최소화해서 상생하는 프랜차이즈를 찾아야 합니다. 이런 경우 부자재와 같은 물류 납품이 본사에서 이뤄지지 않아 개별적으로 구매하게 됩니다. 다행히 요즘에는 온라인으로 거의 모든 물건을 저렴하게 구매할 수 있고, 식자재도 마트에 전화만 한 통 걸면 내 가게로 물건을 받아볼 수 있으므로 이 편이 더 이

득일 수 있습니다.

매출 원가가 낮으면 그만큼 이익률이 높아지므로 하나를 팔더라도 더 많은 이익을 취할 수 있습니다. 치킨 프랜차이즈의 경우 매출 원가가 40퍼센트 또는 그 이하면 더 좋습니다.

프랜차이즈를 선택할 때는 매출 원가를 이해하는 것이 특히 중요합니다. 앞서 말했듯 매출 원가란 매출액에 대응하는 상품 및 재료 등의 매입 원가 또는 제조 원가를 말합니다. 반복해 말하지만 프랜차이즈 본사 대표 또는 지사장과 상담할 때 매출 원가표를 꼭 보여달라고 해야 합니다.

제대로 된 사업을 영위하려면 원가 계산을 할 줄 알아야 합니다. 예를 들어 프라이드 치킨 한 마리를 15,000원에 판매한다고 가정해 봅시다. 이때 매출 원가에 포함되는 재료비는 닭, 파우더, 식용유, 포장 박스, 비닐, 젓가락, 소금, 양념 소스, 머스터드 소스, 치킨 무, 음료 등입니다. 그리고 재료의 매입 가격을 알아야 합니다. 프라이드 치킨을 판매하는데 들어가는 매입 원가가 총 6,000원이라고 가정한다면 프라이드 치킨의 매출 원가는 40퍼센트입니다.

매출 15,000원 × 매출 원가율 40퍼센트=6,000원

이 정도의 매출 원가(40퍼센트)가 적정한지 판단하기 위해서는 해당 업계의 원가율을 알아보는 것이 좋습니다. 예를 들어 A 프랜차이즈에서 판매하는 프라이드 치킨의 원가율이 55퍼센트라고 한다면 매출 원가가 40퍼센트인 B 프랜차이즈는 적정한 이익을 남기고 있다고 판단할 수 있습니다. 매출 원가율이 적은 프랜차이즈를 선택하면 다른 가게와는 달리 닭 한 마리를 팔더라도 더 많은 이익을 남길 수 있습니다. 매출 원가가 높은 프랜차이즈를 선택하면 고생은 고생대로 하고 이익은 적게 얻는, 본사 배만 채워 주는 꼴이 됩니다.

그리고 세 번째로 해당 프랜차이즈 대표의 마인드를 우선 파악해야 합니다. 가맹점주를 그저 돈으로 보는 대표인지 가맹점주와 본사의 윈윈(win-win)을 추구하는 대표인지 대화를 통해 알아볼 필요가 있습니다. 비현실적인 이야기 같겠지만 서로 윈윈할 수 있도록 노력하는 프랜차이즈도 분명 있습니다. 이들은 서로 존중해야 오래갈 수 있는 사실을 아는 것입니다. 단순히 돈, 가맹점 수, 가맹점 개설 속도에 연연하는 대표가 아닌, 진심으로 가맹점을 돕고 이끌어나가는 정직한 대표인지 신중하게 파악해야 합니다. 이런 프랜차이즈를 찾는데에 시간이 많이 걸릴 수도 있겠지만, 분명히 존재합니다. 저 또한 주체적으로 조사해 이러한 프랜차이즈를 찾아냈습니다.

마지막으로 제일 중요한 것은 프랜차이즈만의 기술력을 갖추고 있는가, 음식이 객관적으로 맛있는가를 확인해야 합니다. 치킨의 경우 정말 맛없는 치킨만 아니라면 됩니다. 솔직하게 말하자면, 꼭 음식이 특출하게 맛있어야 장사가 잘되는 것은 아닙니다. 맛은 기본 이상만 보장되면 되고 다음으로는 누가 운영하느냐, 즉 사업자의 마인드가 중요합니다. 내 가게를 잘 운영하기 위해서는 우리 프랜차이즈만의 특징과 기술력, 장점을 미리 파악하고 활용해야 합니다. 모든 부분에서 탁월할 수는 없으므로 저는 위의 조건에 충족된다면 프랜차이즈 창업도 나쁘지 않다고 생각합니다.

다만 이러한 소규모 프랜차이즈로 시작했더라도 프랜차이즈가 성장하면 초심과는 달리 이익을 추구하게 됩니다. 그들도 사업자니까요. 그러니 좋은 조건의 프랜차이즈를 선택해 창업하더라도 꼭 탈출구를 마련해 놓아야 합니다.

본사와 가맹점은 서로에게 꼭 필요한 존재입니다. 어느 한쪽이 먼저 무너지면 안 됩니다. 서로 상생하는 관계를 지속해야 합니다. 본사 이익만 추구하는 프랜차이즈를 선택한다면 여러분은 그저 돈줄로 이용당하고 말 것입니다.

프랜차이즈 창업 시 반드시 탈출구를 준비해두자

 프랜차이즈는 가맹점이 많아질수록 이익을 추구하는 형태로 변할 수밖에 없습니다. 때문에 가맹점주는 경험과 노하우를 토대로 탈출구를 준비해둬야 합니다. 탈출구를 준비해두지 않으면 언젠가는 본사에 이끌려 다닐 수밖에 없으며 시간이 흘러 선택한 프랜차이즈의 규모가 커질수록 이익이 줄어들 가능성이 큽니다. 더불어 가게 운영에 있어 선택의 폭 역시 좁아질 수밖에 없습니다. 프랜차이즈가 정상적으로 순환하기 위해서는 가맹점주들이 벌어들인 수익으로 본사를 운영해야 합니다. 때문에 평생 가맹점을 운영해서는 안 됩니다. 앞서 말한 좋은 프랜차이즈를 선택해서 도움을 받으며 성장한 뒤 이 경험을 바탕으로 자신만의 가게를 마련해야 합니다.

가맹점 수가 많아지면 프랜차이즈는 가맹점을 관리하기 위해 본사 직원을 채용해야 하고, 이렇게 채용된 직원들의 월급은 가맹점 물류 공급에서 마진을 남겨 지급해야 하기 때문에 어쩔 수 없이 매출 원가가 상승합니다. 저는 다양한 프랜차이즈를 경험함으로써 이제는 저만의 가게를 차리게 되었습니다. 이런 자신감은 그동안의 많은 경험 덕분에 가능한 것입니다.

프랜차이즈 가맹점을 운영하고 있다고 하더라도 본사가 제공하는 정보나 교육에만 의존하지 않고 자신의 생각과 노력, 땀으로 얻어낸 노하우를 장사에 접목할 줄 알아야 합니다. 노력과 땀을 아끼지 않으며 능동적인 사장님이 되어야 합니다. 수동적으로, 프랜차이즈에만 의존해서 가게를 운영하다 보면 결코 프랜차이즈를 벗어날 수 없습니다. 능동적으로 경험을 쌓고 준비해야 빠른 시일 내에 진짜 내 가게를 차릴 수 있는 시기가 찾아옵니다.

능동적인 사고방식을 갖추기 위해서는 한 가지 일을 하더라도 그 과정을 세세히 살피고 더 나은 방법을 스스로 모색해야 합니다. 예를 들어 프랜차이즈 본사에서 파우더와 소스를 꼭 저울로 계량하라고 하면 그것을 그대로 받아들일 것이 아니라 더 편하고 나은 방법을 강구해봐야 합니다. 굳이 저울에 재지 않아도 한 번에 무게를 맞출 수 있는 국자를 찾아 구비하는 것처럼 말입니다. 그리고 닭 한 마리를 튀기더라도 새 기름에 튀겼을 때와 30마리 정도 튀긴 기름에 튀겼을 때의 차이점과 장단점을 파악하는 등 생각을 하면서 일해야 능동적으로 변할 수 있습니다. 어떻게 더 편하게 일할 수 있을지, 어떤 방식이 더 나은지, 모든 일을 하면서 일의 장단점들을 조금씩 능동적으로 파악하다 보면 그것이 쌓여 나만의 무기가 됩니다.

경험과 능력, 나만의 노하우, 능동적인 생각을 갖췄다면 어떤 가게를 창업해도 잘될 것입니다. 자기 자신의 경험과 능력을 알고 있고, 그 자신감에 명확한 근거가 있다면 굳이 많은 돈을 쏟아부어 프랜차이즈를 차릴 이유가 없습니다.

저는 유명 프랜차이즈를 운영해 본 적이 한 번도 없습니다. 하지만 유명 프랜차이즈 가맹점에서 매니저로 일하며 치킨에 대해 좀 더 깊이 알 수 있었고, 오랜 기간 능동적인 사고방식으로 경험을 쌓아서 어떤 브랜드의 치킨집을 운영하더라도 내 가게를 장사가 잘되는 가게로 운영할 수 있었습니다.

종종 어떤 프랜차이즈를 운영했는지 묻는 분들도 계신데 솔직하게 답변해드리면 '그런 치킨집도 있어?'라고 되물으시곤 합니다. 저는 그런 프랜차이즈에서 한 달에 순이익으로 천만 원도 벌어 봤습니다. 뿐만 아니라 가게를 운영하면서 적자를 본 적은 단 한 번도 없습니다. 여러분들도 꼭 경험을 쌓아 가맹점의 늪에서 탈출하시기 바랍니다.

목요일

점포
선정 방법

좋은 점포의 기준

 창업 전에 미리 어떤 상가를 얻을 것인지 꼼꼼히 알아보고 기준을 세워야 합니다. 그렇지 않으면 부동산 중개업자가 추천하는 대로 근사해 보이는 점포를 계약할 수밖에 없습니다. 목 좋은 상권, 유동 인구가 많은 상권에 있는 상가가 무조건 좋은 점포는 아닙니다. 배달 창업을 생각하고 있는데 그게 다 무슨 소용이겠습니까? 좋은 점포를 얻기 위해서는 자신만의 기준을 세워두고 천천히, 꼼꼼히 따져봐야 합니다. 조급한 마음으로 가게를 알아봐서는 절대 안 됩니다.

기준을 세웠다면 다음과 같이 체크 리스트를 만들어 봅시다.

◆ **위치: 부산 어디든**

※ 사업장이 집과 가까우면 시간을 더 알차게 활용할 수 있습니다. 때문에 위치도 합리적인 방향으로 생각해야 합니다.

◆ **시설 권리금: 1,000만 원 이하***

※ 영업권리금, 바닥권리금 명목으로 큰돈을 투자할 생각은 절대 하지 마세요.

◆ **상가 보증금: 1,000만 원 이하**

◆ **월세: 70만 원 이하**

◆ **그 외 필요한 것**

-도시가스 6등급 이상

-전기 5kW 이상

-상하수도 공사 여부

-환풍 덕트 시설 여부

-튀김기, 정제기

-냉장고, 냉동고

-싱크대 온수기

-작업 선반

-부자재 창고 공간

이렇게 자신만의 기준을 세워두면 시간도 훨씬 절약할 수 있습니다. 그리고 점포를 보러 갔을 때 추가로 발생하는 비용을 한눈에 파악할 수 있습니다. 사람은 망각의 동물이기 때문에 모든 것을 기억할 수 없습니다. 특히나 협상 테이블에서는 더더욱 무엇이 필요하고, 무엇이 부족한지 쉽게 떠오르지 않는 법입니다. 그럴 때 필요한 것이 바로 미리 준비해둔 체크

리스트입니다.

시설 권리금은 자칫하면 회수할 수 없는 돈이 되어버립니다. 그래서 최소 금액만 투자해야 합니다. 가게를 보러 갔을 때 원하는 시설 및 설비가 부족하다면 그것을 설치하는 비용이 얼마나 발생할 것인지 미리 알아야만 협상할 때 기준이 생깁니다. 이외에도 생각하지 못한 부분에서 비용이 발생하는 경우가 많습니다. 꼼꼼하게 메모하고 체크하는 습관이 소중한 돈을 지켜줍니다.

✦✦
월세의 중요성

 누구나 월세가 저렴한 곳을 계약하고자 합니다. 하지만 근거 없는 자신감에 가득 차 비싼 월세도 감당할 수 있다며 크고 넓은 점포를 계약하는 사람도 있습니다. 이들은 유동 인구가 많으면 자연스레 매출도 많이 발생할 것이라고 예상합니다만, 그렇다고 해서 무조건 장사가 잘되는 게 아닙니다. 보통 임대차 계약은 2년 단위입니다. 2년 동안 월세에 시달리기 싫다면 구석지더라도 월세가 저렴한 곳에서 창업해야만 합니다. 우리는 배달 창업을 목표로 하고 있으니까요.

자영업자의 폐업 이유 중 하나는 '고정비를 감당하지 못해서'입니다. 월세가 비싸면 대부분 가게 평수가 큰데 이 경우에는 혼자 감당할 수가 없어 직원을 고용해야 합니다. 이는 배달 창업과 전혀 어울리지 않습니다.

월세(고정비)가 적어야 오래 버틸 수 있습니다. 오래 버티면 본인 생각대로 가게를 운영할 수 있습니다. 대부분 고정비를 감당하지 못해 서비스와 할인을 남발하며 매출을 높이려고 합니다. 처음에는 서비스와 할인을 남발하지 않겠다고 다짐 했더라도 고정비를 감당하는 데에 부담을 느끼게 되면 장사 철학이 무너질 수밖에 없습니다. 고정비에 따라 매장 운영 방식과 수명이 좌지우지됩니다.

월세가 50만 원인 A 매장과 100만 원인 B 매장을 비교해 보면 고정비가 얼마나 중요한지 알 수 있습니다. 두 매장의 순 이익률이 20퍼센트라고 가정하면 B 매장이 50만 원의 이익을 가져가려면 매출이 250만 원 이상 발생해야 합니다. 반면 월세가 50만 원인 A 매장은 250만 원의 매출 없이도 B 매장과 이익이 똑같습니다. B 매장이 A 매장과 같은 이익을 내기 위해서는 늘 A 매장보다 매출이 250만 원 많아야 합니다. 적게 팔더라도 많이 남기는 것이 좋은 장사입니다. 그러니 가능한 한 월세는 저렴한 것이 좋습니다.

여러분의 사업자 등록이 일반과세자로 되어 있다면 임대인으로부터 꼭 세금 계산서를 발급받는 것이 좋습니다. 간이과세자인 경우에는 세금 계산서를 발급받지 않고 부가가치세를 제외한 금액을 월세로 납부하는 것이 좋습니다.

종종 월세를 선불로 받는 임대인이 있습니다. 하지만 여러분도 아시다시피 임대인은 임차인이 월세를 내지 못할 경우를 대비하여 보증금을 받습니다. 그러므로 월세는 후불로 지급하는 것이 맞습니다. 배달 매장은 배달 애플리케이션을 통해 발생한 매출이 주 매출입니다. 이렇게 발생한 매출은 최소 4일, 최대 14일 뒤에 정산받을 수 있기 때문에 무리해서 월세를 선불로 지불할 경우 현금 흐름이 악화될 수 있습니다. 이러한 이유로 대출받는 일이 없도록 현금 흐름도 신경 써야 합니다. 애초에 월세 후불 지급으로 계약하면 이를 방지할 수 있습니다.

다시 한번 강조합니다. 배달 창업의 경우 월세는 최대 70만 원 내에서 계약하는 것이 좋습니다. 10평 남짓 되는 매장인데 굳이 비싸게 주고 넓은 매장, 좋은 상권에 들어갈 이유가 없습니다. 관리 회계를 자신의 것으로 만들었다면 원하는 이익을 먼저 설정하고 그것을 얻기 위해 목표 월 매출을 세울 수 있습니다. 원하는 만큼의 이익을 얻기 위해서 월세로 얼마를 지출해야 하는지 역시 계산할 수 있게 됩니다. 아는 것이 힘이라는 말이 있습니다. 배달 창업을 준비하고 있다면 꼭 관리 회계가 무엇인지 알고 활용하길 바랍니다.

상가 보증금 지키는 방법

 대부분 임대차 계약 기간이 끝나면 보증금을 모두 돌려받을 수 있다고 생각합니다. 그래서 보증금을 더 걸고 월세를 줄이기도 합니다. 하지만 상황이 나쁘게 흘러가 보증금을 돌려받지 못할 수도 있습니다. 소중한 보증금은 스스로 지킬 줄 알아야 합니다.

만약 건물주(임대인)에게 국세 채권이 있고 그것에 대한 압류가 진행된다면 보증금을 받지 못할 수도 있습니다. 국세 체납은 항상 1순위로 상환하게 되므로 임차인의 보증금보다도 먼저입니다. 물론 계약 시에 등기부 등본을 확인해 봤겠지만, 압류, 가압류가 진행되지 않은 국세 체납은 등기부 등본에 표시되지 않아 확인하지 못했을 수 있습니다. 그러니 계약서 작성 전에 꼭 미납 국세 열람제도를 통해 임대인의 미납 국세를 확인해야 합니다. 이는 임대인의 동의를 얻고 민원24 홈페이지에 들어가 상단 검색창에 '미납 국세'를 검색하고 양식에 맞추어 내용을 작성한 뒤 신청하면 부동산 소재지 관할 세무서에 방문하여 확인할 수 있습니다.

상가 임대차 보호법 적용 기준이 되는 환산보증금에 대해서도 알아야 합니다. 적용 기준은 지역별로 다릅니다. 환산보증금이란 상가 임대차 보호법의 과표가 되는 기준 금액을 뜻합니다. 환산보증금 계산 공식은 보증금+(월세×100)입니다. 예를 들어 보증금이 3,000만 원, 월세가 50만 원이라면 환산보증금은 8,000만 원입니다(3,000만 원+50만 원×100). 환산보증금은 지역별로 다르며 서울은 9억 원, 과밀억제권역과 부산광역시는 6억 9,000만 원, 그 외 광역시는 5억 4,000만 원, 그밖의 지역은 3억 7,000만 원입니다.

소액임차인이라면 최우선변제권을 통해 보증금 일정액을 다른 담보물권자보다 먼저 배당받을 수 있습니다. 환산보증금이 일정액 이하인 소액임차인이 사업자 등록을 마친 경우(확정일자를 받은 경우) 건물이 경매에 넘어가더라도 경매가액의 1/2 범위 내에서 다른 권리자보다 최우선으로 보증금의 일정액을 변제받을 수 있습니다. 그러니 사업자 등록증을 발급받을 때 확정일자를 받아 두는 것이 중요합니다. 지역별로 우선 변제받을 보증금의 범위(환산보증금)와 보증금 중 최우선으로 변제받을 금액(보증금)이 다릅니다.

> **서울특별시:** 환산보증금 6,500만 원 이하, 변제 금액 2,200만 원
> **과밀억제권역:** 환산보증금 5,500만 원 이하, 변제 금액 1,900만 원
> **광역시:** 환산보증금 3,800만 원 이하, 변제 금액 1,300만 원
> **기타 지역:** 환산보증금 3,000만 원 이하, 변제 금액 1,000만 원

환산보증금 기준 금액에 해당하는 건물을 임대한 경우 상가 임대차 보호법이 적용됩니다. 그리고 환산보증금이 위 금액 이하라면 우선변제권이 부여됩니다. 예를 들어 서울시에 상가를 임대했고, 환산보증금이 1억 1천만 원이라면 최우선변제권에는 해당되지 않지만, 우선변제권이 부여되어 최대 2,200만 원까지 변제 가능합니다.

무작정 보증금을 많이 걸어 월세를 낮추는 행동은 바람직하지 않습니다. 임대인의 국세 체납 여부와 해당하는 지역의 환산보증금을 계산한 뒤, 여윳돈이 있다면 그때 월세 협상을 하는 것이 바람직한 방법입니다.

누군가 대신 모든 것을 해결해 주길 바라면 안 됩니다. 언제 어떻게 발생할지 모르는 문제에 미리 대비해야 합니다.

금요일

돈 벌면서 시작하는
배달 창업

신용카드로
꼬박꼬박 돈 벌기!

배달 매장을 운영할 때 신용카드는 필수입니다. 유동 자금이 많으면 좋겠지만 대부분 그렇지 않으니 신용카드로 많은 것을 구매합니다. 이때 반드시 사업용으로 사용할 신용카드와 개인적으로 사용하는 신용카드를 구분해 두어야 합니다. 이를 구분하지 않으면 정확한 이익을 계산하기 어렵고 세금 신고를 할 때에도 과정이 훨씬 복잡해집니다.

대부분 사업용 신용카드를 직접 은행에 가서 발급받거나 카드사에 전화를 걸어 발급받습니다. 그런데 다들 한 번쯤 카드사 상담원에게 이런 내용의 전화를 받아본 경험이 있을 겁니다.

"카드 하나 만드시면 현금으로 10만 원을 드릴게요."

이 말처럼 카드 설계사를 통해 카드를 발급받으면 현금을 지원해 주기도 합니다. 보통 한 달에 얼마 이상 사용하는 조건으로 최소 10만 원 정도를 지원해 줍니다. 예를 들어 매달 30만 원 이상 6개월 이상 사용하는 조건으로 10만 원을 지원해 준다고 하기도 합니다. 만약 카드 사용 금액이 30만 원은 훌쩍 넘을 것 같다면 카드를 2개 발급받고 20만 원을 지원받으면 됩니다. 그리고 6개월 후 다른 카드를 발급받아 또 현금을 지원받으면 됩니다. 카드 사용 금액이 많으면 많을수록 6개월마다 지원 받을 수 있는 현금 또한 많아집니다. (사업용 카드 사용 금액이 많다는 것은 매출이 크다는 것과 같으므로 좋은 현상입니다.)

카드 설계사마다 제안하는 월 사용 금액 조건, 유지 기간, 지원 금액이 다를 수 있습니다. 그러니 잘 비교해 보고 상황에 따라 맞는 카드를 발급받으면 됩니다. 어차피 필요했을 신용카드, 기왕 발급받는 김에 매출을 발생시켜 비용도 차감하고 이익도 챙기는 것은 현명한 사업의 기본이며 매장을 운영하면서 꾸준히 사업 외 이익을 만들어내는 방법이기도 합니다.

사업 용도로 사용할 신용카드는 홈택스에 사업용 신용카드로 등록해야 합니다. 홈택스에서 말하는 사업용 신용카드란 '홈택스에 등록한 본인 명의의 신용카드 혹은 체크카드'를 뜻합니다. 이 말인즉 카드사, 은행에서 발급받으라고 권유하는 사업용 신용카드는 마케팅의 일환일 뿐이라는 것입니다. 사실 무슨 카드든 상관없이 그저 홈택스에 사업용 신용카드로 등록하기만 하면 사업용 신용카드가 됩니다.

홈택스에 사업용 신용카드를 등록하는 이유는 부가가치세 신고 때문입니다. 사업용 신용카드를 등록하지 않고 부가가치세 신고를 하게 되면 사용 내역에 날짜, 카드 번호, 상대방 사업자 번호를 일일이 입력해야 합니다. 반면 사업용 신용카를 미리 등록해 놓았다면 카드 사용 내역을 자동으로 불러올 수 있어 아주 편리합니다.

등록한 카드는 사업과 관련된 목적으로만 사용해야 합니다. 만약 구분 없이 사용했다면 애써 등록한 보람도 없이 사용 내역을 일일이 확인해 공제, 불공제를 나눠야 합니다.

통신사야 돈 좀 줘!

 창업할 때 매장 인터넷, 전화 개통은 필수입니다. 여기에 TV를 추가하기도 합니다. 어쩔 수 없는 지출이 발생했으니 이왕이면 지원금이라도 받도록 합시다. 이때 통신사에서 주는 지원금은 꼭 현금으로 받아야 합니다.

먼저 아무 생각 없이 통신사에 전화를 걸어 개통해서는 안 됩니다. 발품을 팔아 여러 곳에서 혜택을 비교해 봐야 합니다. 그중에서 가장 지원을 많이 해주는 곳에서 개통하도록 합시다. 인터넷, 전화, TV 요금제에 따라 지원금은 천차만별입니다. 그러나 지원금을 많이 받자고 무조건 비싼 요금제를 사용해서는 절대 안 됩니다. 이 역시 매월 지출되는 비용, 즉 고정비입니다. 앞서 강조했듯 고정비를 최소화할수록 이익이 늘어납니다.

저는 항상 인터넷 요금제 중 제일 저렴한 상품에 가입합니다. 지금은 100메가(100Mbps) 인터넷 상품을 사용 중인데 월 요금은 부가세를 포함하여 23,100원밖에 하지 않습니다. 전화 요금은 기본료 6,050원에 발신자 번호 표시 부가서비스를 추가로 신청하여 총 9,130원을 지출합니다. 인터넷과 전화 비용을 더해도 한 달 통신 요금은 32,230원에 불과합니다. 이처럼 매장에 100메가 인터넷을 사용해도 큰 문제 없습니다. 이는 제가 경험을 통해 얻은 귀한 팁입니다. 대리점에서 이익을 더 챙기기 위해 조금 더 비싼 요금제를 추천하기도 하지만, 현명한 사업자라면 그 꾐에 넘어가면 안 됩니다.

 TIP

SK텔레콤이나 LG U+에서 전화를 개통하면 지역 번호가 아닌 070으로 시작하는 번호를 사용하게 됩니다. 그러니 만약 지역 번호로 시작하는 번호가 필요하다면 KT 통신사에서 개통해야 합니다.
만약 KT에서 가게 전화를 개통했다면 전화번호가 확정된 뒤 KT 링고에 문의해 걸어 '링고 서비스'를 별도로 신청하는 게 좋습니다. 링고 서비스는 매장으로 전화를 걸었을 때 들리는 음성 멘트를 제작하는 서비스입니다. 제일 저렴한 요금제인 2,420원짜리 상품을 선택하고 안내 음성 멘트는 80자 이내로 직접 준비하면 됩니다. 80자까지는 무료이고, 그 이상은 제작 비용 275,000원이 추가 발생합니다.

지원금은 적게는 20만 원, 많게는 50만 원까지 현금으로 받을 수 있습니다. 배달 매장을 운영하려면 매출 없이도 돈을 벌 수 있어야 합니다. 특히 매장을 준비하는 중에는 매출이 발생하지 않아 자본이 적으니 부가 수익을 창출할 수 있으면 좋습니다.

더불어 매장에서 사용할 인터넷 및 전화는 개인 명의가 아닌 개인사업자 명의로 개통해야 합니다. 개인사업자 명의로 개통하면 매월 지출하는 요금에 대한 세금 계산서를 발급받을 수 있어 자연스럽게 절세할 수 있습니다. 이는 많은 사람이 잘 모르고 무심코 넘어가는 경우가 많으니 꼭 기억하도록 합시다.

그리고 사업자 등록증상 대표자 명의로 되어 있는 휴대폰도 개인사업자 명의로 변경해 세금 계산서를 발급받을 수 있습니다. 가령 휴대폰 명의를 개인사업자 명의로 변경한 뒤 휴대폰 요금이 한 달에 11만 원씩 청구된다면 1년이면 부가가치세를 12만 원 덜 낼 수 있으며, 종합소득세는 최소 7만 원 이상 덜 낼 수 있습니다. 명의만 개인에서 사업자로 변경했을 뿐인데 1년에 20만 원을 아낄 수 있는 셈입니다. 이처럼 통신사로부터 통신비(가게 인터넷, 전화, TV, 개인 휴대폰)에 대한 세금 계산서를 발급받으면 부가가치세, 종합소득세가 적어진다는 사실을 꼭 기억하시기 바랍니다.

기존 사업장에서 시설 권리를 넘겨받을 때 아무것도 모르고 기존에 사용하던 통신사 약정을 그대로 이어받기도 합니다. 하지만 인터넷, 전화, TV는 꼭 신규 개통해서 지원금을 두둑이 챙기길 바랍니다.

냉장고는
서비스로 지원해 줘!

 쇼케이스 냉장고는 음식점에서 흔히 볼 수 있는 안이 보이는 냉장고입니다. 배달 음식점은 음료, 주류, 부자재 등을 보관해야 하므로 이러한 쇼케이스 냉장고가 2~4대는 필요합니다. 쇼케이스 냉장고는 음료, 주류 업체로부터 지원받을 수 있습니다. 그런데 이를 몰라 미리 구매해버렸다면 쓰지 않아도 될 돈을 몇십만 원이나 지출한 것입니다. 쇼케이스 냉장고 새 제품은 38만 원, 중고 제품은 18만 원 정도입니다. 수입이 발생하지 않는 사업 초기에는 이렇게 불필요한 소비를 경계해야 합니다. 그러니 쇼케이스 냉장고는 꼭 음료 회사, 주류 회사로부터 지원받도록 합시다.

쇼케이스 냉장고는 단문형, 양문형으로 나뉩니다. 단문형은 말 그대로 문이 1개인 냉장고이며, 양문형은 문이 2개인 냉장고입니다. 음료 회사, 주류 회사 입장에서는 거래처가 많으면 많을수록 좋으므로 매장당 최소 1대씩은 지원해 줍니다. 그럼 음료 회사에서 1대, 주류 회사에서 1대씩 지원해 주니 총 2대를 무료로 받을 수 있는 셈입니다. 만약 거래 금액이 많거나 회사에 여유분이 많다면 2대를 지원받을 수도 있습니다. 쇼케이스 냉장고가 꼭 필요한데 거래 금액이 기준보다 적거나 회사측에서 여유분이 없다고 한다면 매월 대금을 선불로 결제할 테니 냉장고를 2대 지원해 달라는 식으로 협상해 볼 수도 있습니다. 또는 양문형 냉장고를 각각 1대씩 지원받으면 단문형 냉장고 4대를 사용하는 것이나 다름없으니 이런 식으로 새로운 해결 방안을 고민해 보는 것도 좋습니다.

참고로 쇼케이스 냉장고의 손잡이는 대부분 왼쪽에 달려있습니다. 가게에 가 냉장고 놓을 자리를 먼저 따져본 뒤에 손잡이가 왼쪽에 있는 것을 받을지 오른쪽에 있는 것을 받을지 결정할 필요가 있습니다. 이왕 지원받는 김에 동선을 효율적으로 정리하는 것이 좋습니다.

주류 업체로부터 앞치마, 병따개, 맥주잔, 소주잔, 물통 등 다양한 물품을 지원받기도 합니다. 이러한 사항을 미리 알아 두면 불필요한 지출을 줄일 수 있습니다. 돈을 쓰지 않는 것은 곧 돈을 버는 것과 같으니 꼭 체크 리스트를 만들어 꼼꼼하게 잘 챙기길 바랍니다.

토요일

잘되는 가게 운영 노하우

위기를 기회로
만드는 방법

아무리 꼼꼼히 챙기더라도 사람이 하는 일이기에 실수가 발생할 수도 있습니다. 구성 중 일부를 빠트리고 보내거나 고객 요청사항을 들어주지 못하는 경우가 많습니다. 배달 과정에서 음식이 쏟아지는 경우도 발생합니다. 고객 입장에서 생각해 보면 소중한 돈을 내고 오래 기다려 음식을 받았는데 주문한 음식이 누락됐거나 망가졌다면 당연히 불쾌할 수밖에 없습니다. 이런 경우 고객이 가게에 전화를 걸어 클레임(Claim)을 걸 것이라고 생각하겠지만, 이들은 의외로 '앞으로 이 가게에서 안 시켜 먹으면 되지'라고 생각하며 클레임조차 걸지 않습니다.

때문에 가게로 클레임 전화가 걸려왔을 때는 이미 위기 상황에 놓여 있는 것이나 다름없습니다. 하지만 그 위기를 어떻게 대처하느냐에 따라 기회가 될 수도 있습니다. 클레임 전화에 불친절하게 응하거나 보상을 제대로 해 주지 않으면 고객은 더 실망하기 마련입니다. 고객 입장에서 생각해 친절하게 응대하고 새로 음식을 가져다준 뒤 문자메세지 등으로 고객의 마음을 달래주는 것이 중요합니다. 대부분 배달 매장의 대처 방식은 '죄송합니다. 다음에 꼭 제대로 챙겨 보내드리겠습니다', '다음에 서비스 많이 챙겨 드릴게요'입니다. 고객이 다음에 주문을 할지 안 할지도 모르는 상황인데 다음에 잘하겠다니. 이런 말은 그저 책임 회피로 밖에 보이지 않습니다. 사장들은 여러 가지 이유로 '다음'을 기약하는데 고객이 원하는 것은 다음이 아니라 '바로 지금'입니다.

구성을 빠트리고 보냈으면 다른 고객보다 우선 처리해 주고, 음식이 쏟아졌을 때는 고객에게 그 음식을 그대로 전달할 것이 아니라 곧바로 매장에 알려 최대한 빨리 새로 조리해서 보낼 수 있도록 해야 합니다. 만약 쏟아진 음식이 이미 고객에게 전달되었다는 사실을 알게 됐다면 최대한 빨리 연락을 취해 진심으로 사과하고 고객의 마음을 달래야 합니다. 앞서 말했듯 고객들도 가게에 직접 전화해 클레임 거는 것을 좋아하지 않습니다. 그런데도 전화를 걸어왔다면 회피성 답변보다는 정직한 사과와 대처 방안에 대해 약속해야 합니다. 더불어 문자로 죄송한 마음과 몇 분 이내로 다시 보내드리겠다는 약속의 말을 전달하면 고객의 마음은 조금이라도 풀리게 됩니다. 실수했을 때 대처 방법에 따라 고객이 감동할 수도, 다시는 찾지 않을 수도 있습니다.

예를 들어 콜라를 빠트리고 보낸 것을 인지했다면 고객이 먼저 연락해 오기를 기다릴 게 아니라 즉시 먼저 연락해 양해를 구하고 빠트린 콜라를 가져다주는 것이 위기를 기회로 만드는 방법 중 하나입니다. 실수한 것을 알면서도 아무 행동도 취하지 않는 것은 바람직하지 않습니다.

한 명의 고객 뒤에는 열 명의 예비 고객이 있고, 열 명의 예비 고객 뒤에는 백 명의 예비 고객이 있습니다. 고객 한 명의 입에서 가게가 좋은 가게로 홍보된다면 자연스럽게 수십 명, 수백 명의 머릿속에는 호감인 가게로 기억에 남을 수도 있습니다.

고객에게 새로 음식을 보내는 것을 아까워하는 이들도 있습니다. 하지만 그 비용과 시간을 홍보에 투자한 것이라고 생각해 보는 건 어떨까요? 광고비에 돈을 투자할 게 아니라 고객의 마음을 돌리는 데에 아낌없이 투자할 줄 알아야 합니다.

고객을 감동시켜 입소문을 내고 다니도록 만드는 사장님이
현명한 사장님입니다.

배달 대행 VS 배달 직원

 배달 창업에서 배달은 당연히 중요한 부분입니다. 그러니 배달 대행 업체를 사용할지 배달 직원을 고용하여 직접 배달할지 충분히 고민해 봐야 합니다. 모두 장단점이 있지만, 매장 상황에 따라 정답이 다릅니다.

우선 배달 대행 업체와 배달 직원을 고용했을 때의 금전적인 측면을 비교해 볼까요?

구분	배달 대행	배달 직원
월 회비	O	X
건당 배달 요금	O	X
오토바이 구입비	X	O
오토바이 보험료	X	O
오토바이 취등록세	X	O
오토바이 주유비	X	O

오토바이 수리비 및 유지비	X	O
오토바이 감가상각비	X	O
급여 및 식비	X	O

금전적인 측면에서 바라봤을 때에는 배달 대행을 쓰는 편이 훨씬 합리적입니다. 직원을 고용하면 초기 비용(오토바이 구입비, 보험료 등)이 최소 2~300만 원 이상 발생하고 신경 써야 할 부분도 더 많습니다. 코로나19로 인해 배달 수요가 급증했습니다. 그로 인해 배달용 보험료 역시 적게는 100만 원대부터 많게는 300만 원을 훌쩍 넘기도 합니다.

이제 금전적인 측면을 제외하고 장단점을 살펴볼까요?

구분	배달 대행	배달 직원
장점	-단시간에 많은 주문을 동시 다발적으로 배달 가능 -사고 발생 시 사고 처리 의무 없음	-매장 청소 및 잡일, 각종 심부름 등 배달 외의 업무 지시 가능 -배달 건수가 많더라도 고정 비용 지출
단점	-배달 서비스만 제공함. -음식이 언제 고객에게 배달될지 모름 -기상 악화 시 배달 지연 및 배달 불가 -가까운 거리도 최소 배달요금 지불	-시간당 소화할 수 있는 배달 건수가 한정적 -교통사고 리스크 부담(사고 시 당장 다음날부터 일할 직원을 구해야 함, 사고 처리로 인한 스트레스 등) -출퇴근 리스크 부담

배달 직원을 고용했더라도 혹시 모를 일(직원 출퇴근, 사고)을 대비하여 배달 대행 업체에 미리 가입해 두는 것이 좋습니다. 매장 매출이 몇천만 원 수준이라면 배달 직원을 고용하는 것을 고려해 볼 수 있습니다. 하지만 매장 매출이 많지 않다면 차라리 배달 대행 업체를 사용하고 그들과의 관계를 잘 관리 및 유지하는 것이 좋습니다.

그리고 솔직하게 말하자면 대행 업체만 사장 속을 썩이는 것이 아닙니다. 직원도 사장 속을 썩입니다. 그러니 대행 업체 여러 곳을 비교해 보고 2~3개 정도 가입해 상황에 따라 사용하는 것이 바람직한 방법입니다.

직원을 채용하기도 대행 업체만 쓰기도 애매한 경우 바쁜 시간대에는 배달 직원을 고용하고, 그 외 시간대에는 대행 업체를 활용하는 것도 좋은 방법입니다. 예상치 못한 주문으로 바쁠 때는 배달 직원이 주방 일을 돕고 배달 대행 업체에 일을 맡기며 상황을 잘 풀어나갈 수 있습니다.

✦✦ 성공하는 사장님의 습관

 성공의 기준은 사람마다 다릅니다. 하지만 일반적으로 돈을 많이 벌면 성공한 것이라고 판단하곤 합니다. 돈을 많이 버는, 즉 성공한 사장들에게는 공통점이 있습니다.

첫 번째는 매일 장부를 작성한다는 것입니다. 매출은 포스 (POS) 시스템이 알아서 집계해 주지만 매입은 사장이 스스로 챙겨야 합니다. 매장과 관련된 지출을 장부에 매일 작성하는 사장이 돈을 많이 벌 수 있습니다. 이는 지출에 관심이 있다는 뜻이며, 불필요한 지출을 애초에 막아주는 습관을 길러줍니다. 덕분에 종합소득세 신고 때 모든 지출을 아주 간편하게 비용 처리할 수 있습니다. 당연히 내야 할 세금은 내야겠죠.

두 번째는 항상 배우려는 자세를 취하고 있다는 점입니다. 성공한 이들은 직위가 높고 낮고를 떠나 누구에게나 배울 점이 있다는 것을 알고 늘 겸손하게 자신을 낮춥니다. 배우려는 자세를 가진 사장님은 모든 문제의 원인을 내부에서 찾습니다. 반대로 아직 성공하지 못한 사장님은 자신이 생각한 대로 장사가 되지 않으면 문제의 원인을 경기, 경쟁, 직원 등 외부에서 찾습니다. 그리고 항상 '남들보다' 잘하려고 노력합니다. 하지만 배움의 자세를 갖춘 사장님은 남들보다 잘하려고 하지 않고 '어제의 나'보다 잘하려고 노력합니다. 남을 이겨서 얻는 성취감보다 어제의 나보다 더 잘했을 때의 성취감을 느낍니다.

세 번째는 생각을 행동으로 옮깁니다. 생각만 하던 것을 행동으로 옮기면 자연스럽게 경험이 쌓이고 성공하는 방법을 알게 됩니다. 하지만 대부분 방법을 알고 실행하겠다며 머뭇대다가 결국 시작도 하지 못한 채 기회를 잃습니다. 아무리 완벽하게 준비해 창업하더라도 실제 운영 과정에서는 늘 예기치 못한 상황들이 펼쳐지고 생각한 대로 흘러가지 않습니다. 배달 매장을 운영할 때도 일단 떠오른 것은 망설이지 않고 실행해야 다양한 노하우가 축적되어 나아갈 길이 생깁니다. 아무리 좋은 아이디어라도 실행하지 않으면 그 무엇도 될 수 없습니다. 모두가 위험하다고 생각하고 부담을 가지는 것은 아직 시작하지 않았기 때문에 느껴지는 심리적 부담감입니다. 모든 일을 완벽하게 하려고 하지 말고 일단 시작해야 합니다. 실행으로 옮겨야 완벽해질 수 있습니다.

네 번째는 모든 일을 마침표가 아닌 물음표로 마무리합니다. 그래야 더 나은 방법을 고민하고 실천할 수 있기 때문입니다. 현재에 안주하지 않고 더 나아갈 방법을 고민하기 때문에 사실 하루도 마음 편한 날이 없습니다. 하지만 덕분에 고객이 무엇을 원하는지 꿰뚫고 있습니다. 당연히 찾는 고객이 많아질 수밖에 없습니다. 이들은 능동적인 사람입니다. 스스로 모든 문제를 해결하며 경험을 쌓습니다. 그 경험이 매장을 운영하며 어려움을 잘 헤쳐나갈 수 있도록 발판이 되어줍니다.

사실 성공한 사장보다 성공하지 못한 사장이 많습니다. 그래서 성공한 사장님은 비정상으로 보이기도 합니다. 성공한 사장님은 정상을 정복합니다. 그들은 남들도 다 하는 뻔한 사고방식을 가지고 있지 않습니다. 누구나 할 수 있는 뻔한 생각을 하는 사람은 그것을 절대 정복하지 못합니다.

✦✦
가게 마감 후 일 정산

　　　　많은 사장님들이 매출에만 신경을 곤두세
웁니다. 가게를 마감하면 포스 시스템을 통해
'오늘은 얼마나 팔았나'하고 매출을 확인합니다. 매출을 확인
하는 게 나쁜 습관은 아니지만, 그보다는 매출을 확인하면서
현금, 카드, 애플리케이션 매출이 정확하게 집계되었는지 확
인하는 것이 더 중요합니다. 그리고 오늘 하루 현금, 카드 매
출이 정확하게 결제되었는지 시재와 카드 결제 내역을 확인
해야 합니다.

본인 가게임에도 불구하고 시재, 카드 내역을 확인하지 않
는 사장님이 많습니다. 예를 들어 김 사장님이 운영하는 가게
는 하루 매출이 총 100만 원이고, 이는 현금 10만 원, 카드 20
만 원, 애플리케이션 70만 원으로 이루어져 있습니다. 김 사
장님은 매출 100만 원만 보고 PC를 종료할 것이 아니라 애플

리케이션 매출이 70만 원이 맞는지, 카드 매출 집계를 통해 20만 원이 문제없이 결제되었는지, 시재 확인을 통해 현금 20만 원이 제대로 들어왔는지 확인해야 합니다. 가게 마감 후 포스에 집계되는 분류별 매출과 실제 결제된 금액을 확인하지 않으면 종종 현금 또는 카드 매출이 누락 되기도 합니다.

고객이 카드 결제로 주문했지만 실제로는 현금으로 결제하는 경우도 있습니다. 배달 대행 기사가 고객에게 현금을 받았을 테지만 기사가 그것을 가게에 전달해 주지 않으면 가게 입장에서는 매출이 누락되고 맙니다. 직원이 배달하더라도 현금 결제 후 깜빡하고 가게에 현금을 가져다두지 않으면 공짜로 음식을 가져다 준 것이나 다름없습니다.

사장이 직접 분류별 매출을 정확하게 확인하지 않으면 위 사례처럼 매출 누락이 발생하고 이것이 쌓이면 생각보다 큰 손해를 보게 됩니다. 단순히 정산하지 않아 현금 3만 원이 누락되었다면 여러분은 3만 원만 손해 보는 것이 아니라 3만 원과 고객에게 조리해서 보낸 음식의 원가까지 손해 보게 됩니다. 게다가 배달 대행 업체를 이용했다면 대행 비용까지 손해 보게 됩니다.

저도 한때 직접 배달 대행 일을 해 봤는데 카드 결제로 주문했지만 현금을 주는 고객이 꽤 있었습니다. 카드 결제가 아닌 현금으로 결제했다면 기사가 당연히 가게에 돌려줘야 하지만, 사장님도 이 사실을 인지하고 있어야 합니다. 하지만 생각보다 많은 이들이 이를 깜빡 잊고 맙니다. 제가 직접 경험한 일입니다. 돈을 벌기 위해 장사를 시작했는데 돈을 까먹는 행동을 하다니요. 배달 매장뿐만 아니라 사업자라면 정산하는 습관은 선택이 아닌 필수입니다.

보이지 않는 곳에서
양심을 지키는 사장

배달 매장은 홀 운영 매장과 달리 구석지고 유동 인구가 많지 않은 곳에 자리한 경우가 많습니다. 홀 고객이 없으니 매장 관리를 소홀히 하는 사장님이 많습니다. 하지만 장사가 안되는 이유는 바로 그런 태도 때문이라고 해도 과언이 아닙니다. 보이지 않는다고 해서 대충하면 음식과 서비스에서 분명히 표가 납니다. 보이지 않는다고 해서 정말로 보이지 않는 것이 아닙니다.

보이지 않는 곳에서 양심을 지키는 사장님은 항상 청결에 신경 씁니다. TV 프로그램 〈백종원의 골목식당〉을 보면 음식의 맛보다도 청결이 1순위라는 것을 거듭 강조하는 것을 확인할 수 있습니다. 일단 매장이 청결해야 음식도 맛있어질 수 있습니다. 청결하지 않은 가게에서 음식을 주문하면 맛을 보기도 전에 매장 상태나 음식 상태를 보고 불쾌감이 듭니다. 그리고 양심적인 사장은 계량할 때도 절대 기준 중량보다 적게 넣지 않습니다. 더 넣으면 더 넣지 절대 중량으로 장난치지 않습니다. 때문에 항상 일관성 있는 음식을 고객에게 보낼 수 있습니다.

튀김기를 사용하는 매장이라면 가게가 바쁘든 안 바쁘든 기준에 도달하면 기름을 새 것으로 교체하는 습관을 들여야 합니다. 바쁘다는 이유로, 기름 색깔이 괜찮다는 이유로 하루 더 사용하면 그 하루가 반복되며 결국 고객을 잃고 맙니다. 고객을 다 놓친 뒤에 누군가 '기름을 너무 오래 쓰시는 것 같다'라는 리뷰를 남기면 그제야 허둥지둥 기름을 교체하겠지만, 그때는 이미 늦었습니다. 소 잃고 외양간 고치는 격입니다.

그리고 정해진 양심적인 사장은 영업 시간을 철저히 지킵니다. 대부분 가게를 차리고 시간이 지나면 초심을 잃고 이런저런 변명을 하며 영업 시간을 제멋대로 바꿉니다. 하지만 영업 시간도 고객과의 약속 중 하나입니다. 영업 시간의 중요성을 아는 사장은 피곤해도, 귀찮아도, 장사가 잘 안되어도, 몸이 아파도 약속을 지킵니다.

장사가 잘 안된다고 하소연하는 사장님들에게는 공통점이 있습니다. 특정 시간대에는 너무 장사가 안된다며 매장에 있는 의미가 없다고 변명하는 것입니다. 그리고는 그 시간에 정말 매장을 비웁니다. 매장 영업 시간이 일정하지 않으니 당연히 고객도 없을 수밖에 없습니다. 고객이 한 명도 없더라도 영업 시간은 지켜야 합니다. 영업 시간만 잘 지켜도 기본은 합니다. 합리화하지 말고 손님이 뜸할 때에는 매장에서 고객을 감동시킬 수 있는 방법을 고민해야 합니다.

주문이 없다고, 또 배달 매장이라는 이유로 가게에서 잠을 자는 사장님도 있습니다. 고객이 매장에 방문했다가 자고 있는 사장님을 본다면 어떻게 생각할까요?

보이지 않는 곳에서 더욱더 최선을 다하고 정성을 쏟아내면 그 노력이 반드시 결과로 이어집니다. 보이지 않는다는 이유로 소홀히 했기 때문에 장사가 안되는 것입니다. 이럴 때는 최대한 빨리 현실을 직시하고 정신을 차려야 하는데 이런 사장님들은 대부분 본인 탓이 아닌 남 탓, 외부 환경 탓만 하므로 제자리에 머물 수밖에 없습니다.

꾸준히 노력하는 사람은 재능을 가진 사람보다 무섭습니다. 보이지 않는 곳에서 묵묵히 노력하다 보면 언젠가 빛을 발하는 날이 오기 마련입니다. 주문이 없다고 걱정하지 말고 그 시간에 후회하지 않도록 최선을 다하는 사장님이 되길 바랍니다.

일요일

뒤에서도
돈 벌기

사장도 고용보험, 산재보험
가입할 수 있다

직원만 4대보험에 가입할 수 있는 게 아닙니다. 직원을 고용하면 사장은 지역가입자에서 직장가입자로 전환됩니다. 하지만 건강보험, 국민연금만 의무 가입이며, 고용보험, 산재보험은 별도로 가입 신청해야 합니다. 그래서 대표자는 고용, 산재보험은 가입하지 못한다고 착각하는 사장님이 많습니다. 건강보험, 연금보험은 의무 가입이지만, 고용보험, 산재보험은 선택사항입니다.

가입 방법은 근로복지공단 홈페이지 고용산재토탈 서비스에서 민원 접수 신고를 클릭하고 보험 가입 신고를 선택해 자영업자 고용보험 가입 신청 또는 중소기업 사업주 산재보험 가입 신청을 하면 됩니다.

자영업자 고용보험 가입 후 1년 이상 지나 고용노동부령으로 정하는 이유로 폐업하게 되면 자영업자 실업급여를 받을 수 있습니다. 고용노동부령 폐업 사유는 다음과 같습니다.

고용노동부령 폐업 사유

- 적자 지속 및 매출액 감소 등 경영악화.
- 대형 마트, SSM 등 대기업의 입점 및 확장 등으로 피해를 입을 것이 우려되어 중소기업중앙회에 사업조정을 신청한 경우.
- FTA로 피해를 입어 무역조정지원기업으로 지정되었거나 폐업지원금 지급 결정을 받은 경우.
- 예상하기 어려운 대규모 자연재해로 폐업한 경우.
- 부모 또는 동거 친족의 질병 및 부상 등으로 30일 이상 직접 간호가 필요하여 폐업한 경우.
- 본인의 질병 및 부상 등으로 영업을 수행할 수 없어 폐업한 경우.
- 배우자 또는 부양해야 하는 친족과의 동거를 위해 거주지를 이전하여 출퇴근에 3시간 이상 소요되는 경우.
- 병역복무를 위해 징집되거나 소집되는 경우.

폐업 사유에 해당되는 경우 증빙 자료를 제출해야 실업급여를 받을 수 있습니다. 증빙자료 및 실업급여 수급액은 가입 시 작성하는 '가입신청확인서'에 상세하게 기재되어 있습니다.

중소기업 사업주 산재보험에 가입하면 업무상 재해 또는

출퇴근 중 사고로 4일 이상 요양이 필요한 경우 요양급여, 휴업급여를 받을 수 있습니다.

매장을 운영하는 과정에서 본의 아니게 다칠 수도 있습니다. 이때는 근로복지공단에서 제공하는 제도를 잘 활용하여 매장을 운영하지 못해 발생한 피해에 대한 보상을 적극적으로 신청하여 받아야 합니다. 대부분 이러한 제도가 있다는 사실을 모릅니다. 적자인 상황을 하소연하다 못해 풀 곳도 없는 상황이 발생하기 전에 미리 알아두고 준비해야 합니다.

월 고용보험료는 본인이 선택한 기준 보수에 따라 달라집니다. 가입할 때 선택하는 기준 보수는 실제 소득과는 무관하며 건강보험과 국민연금 기준 보수와 다르게 선택할 수도 있습니다. 고용보험, 산재보험 기준 보수를 높게 책정했다고 건강보험료, 국민연금 보험료가 인상되는 게 아니니 걱정하지 않아도 됩니다.

✦✦ 일반과세자로 전환?

 간이과세자로 시작하여 부가가치세 부담이 없더라도 1년 매출이 8,000만 원을 초과하면 다음 해 7월 1일부터는 자동으로 일반과세자로 전환됩니다. 예를 들어 2021년 10월 1일에 개업하여 12월 31일까지 3,000만 원의 매출이 발생했다면 그다음 해에는 일반과세자 전환 대상이 됩니다. (참고로 일 년 매출 8,000만 원을 월 매출로 환산하면 약 666만 원입니다.)

사업자 등록 시기는 최대한 연초로 정하는 것이 좋습니다. 예를 들어 1월 1일에 간이과세자로 시작한 경우, 다음 해 7월까지 총 18개월 동안 간이과세 혜택을 받을 수 있는 반면, 12월 1일에 사업자 등록을 하고 월 매출이 667만 원을 초과한다면 간이과세 혜택을 불과 7개월밖에 누리지 못합니다.

일반과세자로 전환되면 매입 관리에 더욱더 관심을 가지고 꼼꼼하게 챙겨야 합니다. 세금은 전문가 영역이라 생각하고 내팽개치면 안 됩니다. 세금 낼 돈이 없어 대출을 받아 세금을 내는 사장님도 있습니다.

과세 유형을 결정하는 데에 있어서는 세무서의 민원을 담당하는 공무원의 재량이 아주 큽니다. 실제로 있었던 일을 예시로 들어보겠습니다.

누구나 다 알만한 프랜차이즈 ○○치킨을 양도·양수하는 과정에서 양수받는 사장님이 상호명, 업태, 종목을 기존 사업자 등록증과 똑같이 작성하고 간이과세사업자 등록증을 발급 신청했는데 별 탈 없이 간이과세자 사업자 등록증을 교부받을 수 있었습니다. 양도하는 사업자 등록증이 일반과세자였고 포괄양도양수계약임에도 세무 공무원의 재량으로 간이과세자로 시작할 수 있었던 것입니다. 이는 담당 공무원이 꼼꼼하게 확인하지 않았기에 가능한 일입니다.

반대로 양도양수계약이 아님에도 불구하고 기존 사업자가 일반과세자라는 이유만으로 간이과세를 내주지 않는 경우도 있었습니다. 이처럼 세무 공무원의 재량에 따라 간이과세를 더 유지할 수도 있고, 유지하지 못할 수도 있습니다. 이런 경우 포괄양도양수계약이 아니라는 것을 증명하고 간이과세 배제 지역이 아닌 경우 당당하게 안 되는 이유를 설명해 달라고 요구할 수 있어야 합니다. 대부분 지레 겁먹어 얘기조차 꺼내지 못하고 수긍하는 현실이 안타깝습니다. 부가가치세법에서 간이과세 적용 범위에 해당한다는 것을 입증하면 세무서 공무원도 수긍할 수밖에 없습니다.

일반과세자로 전환되는 7월 이전에 간이과세사업자를 유지할 수 있도록 사업자 명의를 변경하면 좋습니다. 기존 사업자 등록증을 폐업하고 신규로 다시 간이과세사업자 등록증을 발급받으면 3년 후 7월까지 간이과세로 부가가치세 부담이 없습니다. 단, 가족이 아닌 제3자의 명의로 변경해야 합니다. 그리고 상호, 종목 등을 기존 사업자 등록증과 똑같이 하지 않고 변경하면 큰 문제 없이 간이과세로 다시 시작할 수 있습니다.

배달 애플리케이션 내의 가게 정보 승계 부분 역시 사업자 등록증이 변경되었더라도 가능합니다. 단, 미리 준비하여 신규로 발급받을 사업자 명의를 직원으로 등록하여 가게 정보 승계 조건에 맞춰야 합니다. 뭐든 미리 알고 준비하면 문제가 되지 않습니다. 일반과세자로 전환되기 전에 미리 잘 준비하여 간이과세 혜택을 1년 더 누리길 바랍니다.

숨은 고객 찾기
(아동급식카드)

각 지자체에서 결식아동 급식 사업의 일환으로 저소득층 아이들에게 발급하는 아동급식카드라는 것이 있습니다. 가정의 자녀가 학교에서 급식을 먹지 못하는 경우 학교 외에서 급식에 준하는 식사를 할 수 있도록 정부에서 보조하는 카드입니다. 지방자치단체에서 발급하는 카드이므로 지역마다 끼니당 지원 금액이 조금씩 다릅니다.

아동급식카드는 가맹점 신청이 되어 있는 곳에서만 사용 가능하다는 단점이 있습니다. 많은 이들이 아동급식카드에 대해 잘 몰라 아동급식카드 가맹점을 신청하지 않습니다. 그 결과 아이들은 이 카드를 편의점, 프랜차이즈 베이커리 등 메이저 브랜드에서만 사용하게 됩니다. 계속 똑같은 음식을 먹어야 하는 것이지요. 아동급식카드 가맹점을 신청하는데 비용이 발생하는 것도 아닙니다. 다만 대부분 몰라서 신청하지 않는 것이기 때문에 아동급식카드 가맹점이 된다면 저절로 아동급식카드를 소지한 아이들을 단골 고객으로 얻을 수 있습니다.

 아동급식카드 가맹점 신청을 위해서는 사업자 등록증과 대표자 신분증을 준비해서 사업장 관할 주민센터를 방문하면 됩니다. 안내에 따라 아동급식 가맹점 신청서와 서약서를 작성하면 가맹점 선정 확인서와 급식 가맹점 신청 방법이 적힌 인쇄물을 받을 수 있습니다. 그리고 농협 은행에 방문하여 가맹점 등록을 해야 합니다. 구비 서류는 주민센터에서 발급받은 가맹점 선정 확인서, 사업자 등록증, 농협 은행 통장, 신분증입니다. 이후 농협 직원에게 가맹점 번호를 받아 카드 단말기 회사에 아동급식카드 결제 등록을 해야 합니다. 가맹점 번호를 등록하지 않으면 결제가 불가능하니 주의해야 합니다.

 고객이 아동급식카드로 결제하면 바로 다음 날 통장으로 입금됩니다(공휴일 제외). 보통 카드 결제의 경우 2~3일이 소요되고 배달 애플리케이션은 정산에 4~15일이 소요되는 것에 비하면 아주 빠른 것입니다.

실제로 아동급식카드 가맹점 신청을 하고 돈이 들지 않는 홍보를 해 본 결과 그 고객은 매주 우리 가게를 이용했습니다. 더불어 항상 전화로 주문하기 때문에 배달 애플리케이션 수수료도 전혀 발생하지 않습니다.

단점이 있다면 가맹점 신청 과정이 조금 번거롭다는 것뿐입니다. 그 번거로움을 한 번 감수하면 자연스럽게 매출이 발생하고 이익이 늘어납니다. 이와 같은 국가 제도를 잘 활용하면 매장을 운영하는 데 큰 도움이 됩니다.

주간 메모

월	화	수	목

금	토	일	종합

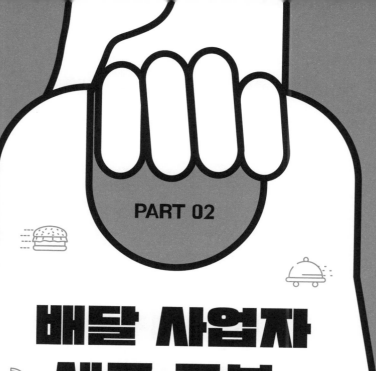

PART 02

배달 사업자 세금 공부, 일주일이면 충분하다

월요일

배달 사업자의
매출 관리

누락하기 쉬운 배달 매출

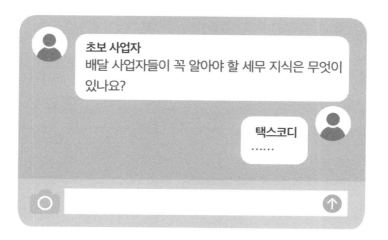

이제는 비대면 중심의 영업 환경에 보다 장기적으로 대비해야 합니다. 앞으로는 방문 고객보다는 배달 매출이 절대적인 비중을 차지하게 될 것입니다.

초보 사업자
배달 사업자들이 꼭 알아야 할 세무 지식은 무엇이 있나요?

택스코디
……

코로나19의 장기화로 인해 방문 고객이 줄면서 배달 서비스를 시작하려는 사업자들이 많습니다. 어려워진 경기로 인해 PC방에서 음식 배달 서비스를 시작하기도 합니다. 기존에 판매하던 음식을 배달한다면 세무서에 추가로 신고할 사항은 없습니다. 하지만 기존에 구청 허가가 필요 없는 사업을 운영하다가 허가가 필요한 음식 배달과 같은 사업을 하고자 한다면 먼저 관할 구청에 영업 신고를 하고 세무서에 사업자 등록상 업종을 추가해야 할 수도 있습니다.

또한 배달 서비스를 시작했다면 배달 매출을 누락 없이 신고할 수 있도록 주의해야 합니다. 배달 매출은 사업자의 단말기로 매출이 직접 집계되지 않기 때문입니다. 실제로 많은 사업자들이 부가가치세 신고 시에 실수로 배달 매출 일부를 누락해 세금 추징을 당하곤 합니다.

매장 영업만 할 때는 매출 신고 시 크게 카드 매출, 현금 영수증 매출, 현금 영수증이 발급되지 않은 단순 현금 매출로 나누어 매출을 집계하면 됩니다. 하지만 최근에는 온라인에서 각종 간편 결제 시스템으로 다양한 형태의 매출이 발생합니다. 이런 경우 부가가치세 신고 전에 반드시 매출 누락이 없는지 다시 한번 확인해 볼 필요가 있습니다. 특히 온라인 결제, 배달 애플리케이션을 통한 매출은 소비자가 카드로 결제했다고 해도 결제 대행 업체를 통해 결제되었기 때문에 내 사업자 번호로 카드 매출이 직접 발생하지 않습니다. 따라서 국세청 홈택스에서 조회되는 카드 매출에는 이러한 매출이 포함되어 있지 않습니다. 그러므로 이런 매출은 부가가치세 신고 시 꼭 별도로 합산해서 매출 신고를 해야 합니다.

이와는 달리 소비자가 온라인, 애플리케이션 등에서 현금으로 결제하면 대부분 현금 영수증이 자동 발행됩니다. 국세청에서 조회되는 현금 영수증 매출에 이미 현금 결제 매출이 포함되어 있습니다. 이 경우에는 반대로 현금 매출을 중복 등록하지 않도록 주의해야 합니다.

많은 사업자가 이용하고 있는 네이버 스마트스토어와 같은 오픈 마켓이나 배달의 민족, 요기요 등의 배달 서비스 중 대부분은 각 사이트에서 부가가치세 신고 자료를 제공하고 있습니다. 우리는 여기에 이미 국세청 현금 영수증 매출에 포함된 현금 매출을 제외한 나머지 매출을 모두 추가하면 됩니다. 단, 현장에서 배달원이 직접 결제한 건은 업체에서 제공하는 부가가치세 신고 자료에 포함되어 있는지 다시 한번 확인해야 합니다.

대표적으로 배달의 민족의 경우 배민라이더스 서비스를 이용했을 때에는 배달의 민족에서 제공하는 부가가치세 신고 자료에 라이더스가 만나서 결제한 매출도 포함되어 있습니다. 하지만 그 외 배달 대행 업체를 썼을 때 만나서 결제한 매출은 부가가치세 신고 자료에 포함되어 있지 않아 따로 추가해야 합니다.

음식값에는 부가가치세가
포함되어 있다

 프랜차이즈 가맹점으로 첫 사업을 시작하는 경우가 많습니다. 물론 개인 창업에 비해 준비 자금이 많이 들지만, 상권 분석, 인테리어, 메뉴 구성, 홍보까지 개업에 필요한 많은 부분을 본사의 도움을 받아 해결할 수 있기 때문입니다. 하지만 프랜차이즈라고 해서 세금 문제까지 해결해 주지는 않습니다.

큰 틀에서의 세금 처리 방식은 같습니다. 특별히 세법에서 세무 처리를 다르게 하지는 않습니다. 단, 프랜차이즈 창업 시에는 과세 유형을 선택할 때 일반과세사업자로 선택하는 것이 유리합니다. 프랜차이즈 창업은 본사에서 요구하는 수준에 맞추려면 상대적으로 초기 투자 비용이 큽니다. 일반과세사업자는 이러한 초기 투자금에 대한 세금 계산서를 발급받을 수 있고 매입세액 공제를 받을 수 있습니다.

프랜차이즈 배달 창업의 대부분이 외식업입니다. 우리나라는 다른 나라와는 달리 음식값에 부가가치세를 포함해서 표기하도록 권장하고 있습니다. 그런데 음식값에 포함된 부가가치세도 매출이라고 착각하는 사업자들이 많습니다. 손님에게서 부가가치세를 포함한 음식값을 받았으니 그에 대한 부가가치세를 신고하고 납세하는 것이 마땅하지만, 부가가치세를 포함한 매출을 순매출로 착각해 내야 할 세금을 미처 준비하지 못하는 상황도 발생합니다. 부가가치세는 내 매출이 아니라는 생각부터 확실하게 가져야 합니다.

예를 들어 메뉴 가격이 8,800원이라면 사업주의 순매출은 8,000원입니다.

> 매출=매출액+매출세액(부가가치세)
>
> 8,800원=8,000원+800원

초보 사업자
프랜차이즈로 배달 창업을 시작할 때 주의할 점이
또 있나요?

택스코디
국세청이 프랜차이즈 본사에 세무 조사를 실시했
다가 가맹점까지 조사가 들어가는 경우가 가끔 있
습니다. 이때 세금 신고 시 누락한 현금 매출이 문
제가 되기도 합니다. 본사에 지급하는 로열티 비
용을 역산해서 가맹점 매출을 계산할 수 있기 때
문입니다. 그렇게 되면 국세청에 총매출이 노출될
수 있습니다.

초보 사업자
권리금은 어떻게 세금 처리하나요?

택스코디
……

권리금은 유형 자산인 시설 권리금과 무형자산인 바닥권리금으로 구분됩니다.

시설권리금은 전 사업주가 설비 공사를 한 후에 매입세액 공제를 받았기 때문에 세금 계산서를 받아야 합니다. 바닥권리금은 상권의 가치에 대한 무형의 권리입니다. 전 사업주는 기타소득세 8.8퍼센트(지방세 포함)를 원천징수한 후에 지급하고 신고해야 합니다.

그런데 실무적으로는 시설 권리금과 바닥 권리금의 구분이 모호한 경우도 많고, 계약 과정에서 기록을 남기지 않고 현금으로 주고받는 경우도 적지 않습니다. 하지만 시설 권리금은 꼭 세금 계산서를 받아야 하고, 바닥권리금은 원천징수 후 신고해야만 감가상각을 받을 수 있다는 점을 명심해야 합니다.

쿠폰으로 결제한
치킨의 매출 신고

 사업자는 부가가치세를 포함해서 물건값과 서비스 가격을 책정하고, 나중에 부가가치세 신고를 통해 국세청에 세금을 내야 합니다. 만약 물건값을 깎아줬다면 깎아준 만큼은 빼고 부가가치세를 계산하면 됩니다. 이때 어떤 방식으로 깎아주느냐에 따라 약간의 차이가 발생합니다.

다음의 사례를 참고해 봅시다.

 초보 사업자
1만 원에 팔 예정이었던 치킨을 개업 날만 한시적으로 5,000원에 팔았습니다. 물론 배달 대행을 이용했으니 배달료는 별도로 받았습니다.

개업 첫날 배달 전화가 빗발쳤고, 개업 당일에만 치킨 200마리를 팔았습니다. 결과적으로 5,000원짜리 치킨으로 100만 원의 일 매출을 올리게 되었습니다.

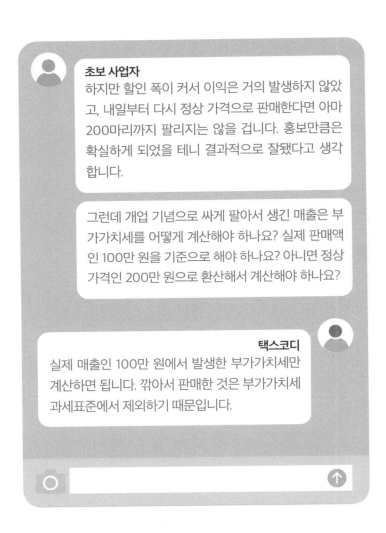

초보 사업자

하지만 할인 폭이 커서 이익은 거의 발생하지 않았고, 내일부터 다시 정상 가격으로 판매한다면 아마 200마리까지 팔리지는 않을 겁니다. 홍보만큼은 확실하게 되었을 테니 결과적으로 잘됐다고 생각합니다.

그런데 개업 기념으로 싸게 팔아서 생긴 매출은 부가가치세를 어떻게 계산해야 하나요? 실제 판매액인 100만 원을 기준으로 해야 하나요? 아니면 정상 가격인 200만 원으로 환산해서 계산해야 하나요?

택스코디

실제 매출인 100만 원에서 발생한 부가가치세만 계산하면 됩니다. 깎아서 판매한 것은 부가가치세 과세표준에서 제외하기 때문입니다.

만약 한 마리에 1만 원을 받고, 대신 1+1으로 한 마리를 더 주는 행사를 했더라도 마찬가지입니다. 합산해서 50퍼센트만 과세 대상 공급가액으로 보거나, 한 마리는 1만 원, 한 마리는 0원으로 처리하면 됩니다.

마찬가지로 쿠폰 10장을 치킨 1마리와 바꿔주는 이벤트를 진행했을 때나 사업자가 자체적으로 할인권을 제공했을 때에도 상품 가격을 깎아주는 에누리의 성격이기 때문에 할인액이나 쿠폰 사용액을 제외한 실제 판매 금액만 매출 신고하면 됩니다. 이런 서비스 매출에 대해서는 별도로 매출 신고가 필요 없다는 것이죠.

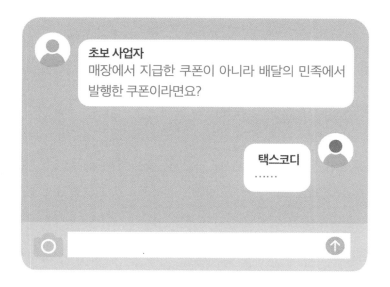

다만 위의 사례처럼 할인권을 사업장에서 직접 할인을 제

공한 것이 아니라 오픈마켓, 배달 대행 업체 등에서 제공한 것이라면 할인 금액을 포함해서 매출 신고해야 합니다. 할인 금액은 오픈마켓이나 배달 대행 업체에서 부담하고 사업자는 전체 금액을 대행 업체에서 정산받으므로 사실상 사업자는 정가에 판매한 것이나 다름없기 때문입니다.

코로나19 이후 온라인 매출 위주로 운영하다가 오프라인 매장 규모를 줄이거나 인건비를 감축하는 등 사업장 환경변화를 고민하는 분들이 늘어나고 있습니다. 만약 사업장을 이전한다면 새로 계약한 임대차 계약서를 첨부해 사업자 등록 정정 신고를 해야 합니다. 임대료 할인과 같은 변경사항이 생기면 임차인이 세금 계산서를 할인된 금액으로 받아서 반영하면 됩니다. 인건비 등의 변동사항도 인건비 신고와 4대보험 공단에 변경된 인건비를 반영해서 신고 누락이 없도록 합시다. 올바른 세금 신고는 곧 나의 이익으로 이어집니다. 이점을 기억하고 현명한 사업자가 됩시다.

국세청이 매출 누락
잡아내는 방법

사업을 하다 보면 세금을 덜 내고 싶어서 매출을 누락하고 싶은 유혹이 생기기도 합니다. 하지만 국세청이 매출을 파악하는 방식을 알면 매출을 의도적으로 누락하는 게 얼마나 위험한 일인지 알 수 있습니다. 고의로 매출을 누락해 신고했다가 몇 년 뒤에 감당하지도 못할 만큼 큰 세금을 추징당하기도 합니다.

세금 계산서와 계산서는 최근엔 대부분 전자 세금 계산서와 전자 계산서 형태로 발행되므로 해당 자료가 모두 국세청 홈택스에 보관돼 있습니다.

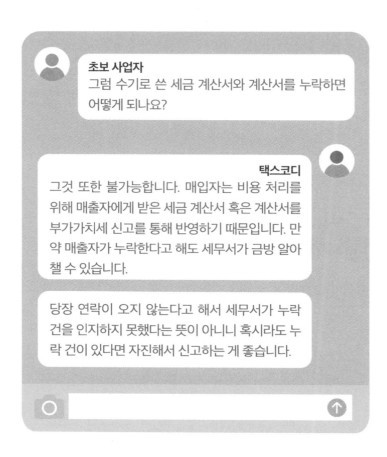

초보 사업자
그럼 수기로 쓴 세금 계산서와 계산서를 누락하면 어떻게 되나요?

택스코디
그것 또한 불가능합니다. 매입자는 비용 처리를 위해 매출자에게 받은 세금 계산서 혹은 계산서를 부가가치세 신고를 통해 반영하기 때문입니다. 만약 매출자가 누락한다고 해도 세무서가 금방 알아챌 수 있습니다.

당장 연락이 오지 않는다고 해서 세무서가 누락 건을 인지하지 못했다는 뜻이 아니니 혹시라도 누락 건이 있다면 자진해서 신고하는 게 좋습니다.

사업 매출의 대부분을 차지하는 신용카드 매출의 경우는 더 확실합니다. 국세청이 분기별로 카드사로부터 신용카드 매출액 자료를 수집하고 있기 때문입니다. 국세청 홈택스에서 조회/발급 카테고리에 들어가 세금 신고 납부를 클릭하고 신용카드 매출 자료 조회 메뉴를 확인하면 신용카드 매출이 잡혀있는 것을 알 수 있습니다. 이 또한 고의로 누락하면 훗날 엄청난 세금을 추징당할 수 있으니 정확하게 매출을 잡는게 중요합니다.

또 현금 매출 역시 고객에게 현금 영수증을 발행하므로 다른 매출처럼 국세청에 집계됩니다. 하지만 통장으로 입금된 매출액은 관리가 어려워서 정확히 매출액으로 반영하기가 어렵습니다. 통장으로 들어온 현금 매출을 반영하려면 입금받은 후에 세금 계산서나 현금 영수증을 발행하는 게 좋고, 이 방법이 어렵다면 월별로 매출액을 정리해 현금 영수증을 발행해두는 것이 매출 누락을 방지하는 좋은 방법입니다. 특히 현금 영수증 의무 발행 업종의 경우 제대로 챙기지 않으면 과태료를 물게 되니 더욱 조심해야 합니다.

매출 누락 유혹이 제일 심한 경우는 바로 순수한 현금 매출입니다. 현금 매출은 거래 상대방을 확인하기 어려우므로 사업자가 신고를 누락하더라도 국세청이 적발하기 어렵습니다. 그래서 국세청은 사업주들의 현금 매출 누락을 막기 위해 여러 시스템을 사용하고 있습니다.

대표적으로 부가가치세 신고 시스템을 통해 전체 매출에서 신용카드 및 현금 영수증 매출의 비중, 그리고 과세와 면세를 함께 하는 경우 면세 매출 신고 비율을 분석합니다. 비율이 비정상적이라면 세무 조사 대상으로 선정되어 조사를 받을 수 있습니다. 조사나 사후 검증 대상이 되었을 때 제대로 소명하지 못하면 누락 건 뿐만 아니라 벌금 또한 물게 됩니다.

플랫폼 수수료나 온라인 매출 건은 국세청에서 매출 내역을 조회할 수는 없지만, 충분히 파악 가능합니다. 배달 애플리케이션을 통한 매출액이 대표적입니다. 배달 애플리케이션은 주문을 대신 받아주고 사업자로부터 수수료를 받는 구조를 취하고 있습니다. 그리고 이 수수료에 대해 배달 애플리케이션 측은 세금 계산서를 발행하게 됩니다. 수수료율과 배달 애플리케이션 측의 세금 계산서 발행액을 파악하면 국세청에서 충분히 여러분의 매출액 내용을 알 수 있습니다. 최근 국세청은 종합소득세 신고 안내문에 배달 애플리케이션을 통해 발생한 매출액을 누락하지 말라는 경고문을 써서 알리고 있습니다.

이외에도 카페 24, 스토어팜, 11번가, 옥션, 쿠팡 등에 입점해 상품을 판매하는 사업자 역시 상황이 비슷합니다. 플랫폼의 종류를 불문하고 해당 플랫폼에서 매출이 발생해 수수료를 지불하면 세금 계산서가 발행되므로 매출을 누락했다가는 세무 조사로 고역을 치를 수 있습니다. 적은 돈 아끼려다 많은 돈으로 허리가 휘청이는 일이 발생하는 겁니다.

코로나19로 인해 배달 수요가 늘어나면서 매장 영업만 하던 음식점이 배달까지 시작하는 경우가 많아졌습니다. 배달의 민족, 요기요, 쿠팡이츠 등 배달 및 결제를 대행하는 모바일 애플리케이션 업체에서 발생하는 플랫폼 매출을 누락하는 경우가 많습니다. 또 고객이 음식값을 현장 결제한 경우 추가로 그 금액을 신고해야 하는데 이를 빠뜨리는 경우도 잦습니다. 국세청에서는 해당 업체로부터 사업자별 매출 자료를 수집하기 때문에 이를 누락하면 신고 후 수일 또는 수개월 내에 매출 자료 불부합 자료를 통보하게 됩니다. 그러니 꼭 잊지 말고 매출 신고를 해야 합니다. 국세청은 이 자료를 모두 가지고 있으나 행정적 이유로 넘어가 줄 뿐입니다. 절대 몰라서 과세하지 않는 게 아닙니다.

화요일

배달 사업자의
매입 관리

꼭 기억해야 할
영수증 두 가지

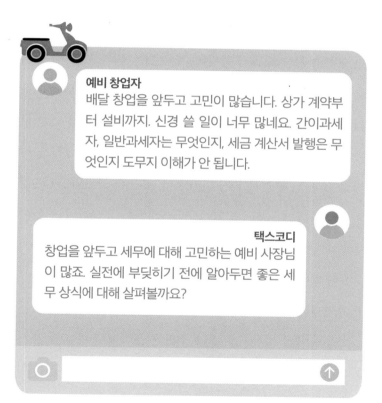

예비 창업자
배달 창업을 앞두고 고민이 많습니다. 상가 계약부터 설비까지. 신경 쓸 일이 너무 많네요. 간이과세자, 일반과세자는 무엇인지, 세금 계산서 발행은 무엇인지 도무지 이해가 안 됩니다.

택스코디
창업을 앞두고 세무에 대해 고민하는 예비 사장님이 많죠. 실전에 부딪히기 전에 알아두면 좋은 세무 상식에 대해 살펴볼까요?

예비 창업자를 대상으로 강의를 하다 보면 본인이 무엇을 모르는지도 모르는 채 찾아오는 사업자가 대다수라는 것을 알 수 있습니다. 창업 전 기본적인 세무 지식을 갖춰 세금 신고를 제대로 하는 것이 바람직합니다.

먼저 알아야 할 세무 포인트는 인테리어 비용 같은 초기 투자 비용에 대한 세금 계산서(적격증빙)를 꼭 받아 두는 것입니다. 사업자가 인테리어 공사를 마치고 인테리어 업자에게 세금 계산서를 요청하면 원래 금액에 부가가치세 10퍼센트를 더해 요구하는 경우가 있습니다. 이때 세금 계산서를 받는 경우 예상보다 금액이 더 발생한다고 해서 세금 계산서를 받지 않고 돈만 주는 경우가 더러 있습니다. 하지만 일반과세사업자라면 금액을 더 내더라도 세금 계산서를 받아 두는 것이 좋습니다. 사업을 시작한 지 얼마 되지 않은 초기 사업자이기 때문에 매출보다는 매입이 더 많을 텐데 이러한 경우에는 부가가치세 환급이 가능하니 걱정하지 마세요.

이렇게 세금 계산서를 받아 두면 지출한 비용에 대해 부가가치세 매입세액 공제가 가능합니다. 또 빠른 환급 처리를 위해 조기 환급을 신청하면 인테리어 비용 등으로 지출한 부가가치세 10퍼센트를 상대적으로 빨리 환급받을 수도 있습니다. 처음에 부가가치세로 원래 금액의 10퍼센트를 더 냈지만 결국 이 비용을 환급받을 수 있으므로 내가 지출하는 개념이 아닌 것입니다.

이렇게 적격증빙(예를 들어 세금 계산서)을 잘 챙겨두면 세무서에 불필요한 소명을 하는 번거로움을 줄일 수 있고, 세금 신고의 성실도도 올릴 수 있습니다. 그러므로 꼭 세금 계산서나 현금 영수증 같은 적격증빙을 받아 두는 것이 좋습니다.

또 가짜 세금 계산서의 유혹을 떨쳐내야 합니다. '자료상'이라고 불리는 사람들로부터 가짜 세금 계산서를 사면 당장은 부가가치세를 피하고 종합소득세를 줄일 수 있지만, 이렇게 꼼수를 썼다가 국세청에 발각되면 세금 폭탄을 맞게 될 수 있습니다.

자료상은 가짜 세금 계산서를 여러분에게만 파는 것이 아닙니다. 이들 연결된 사업자들은 아주 많습니다. 이 중 한 명만 걸려도 관련된 모두가 위법으로 적발될 수 있습니다. 그러므로 탈세를 부추기는 이들의 유혹에 넘어가지 않도록 합시다.

돈을 쓰는 방법이
열쇠다

 배달 창업을 시작하게 되면 다양한 거래처(음료, 주류, 식용유, 박스, 식자재, 본사 등)와 거래하게 됩니다. 사업자 등록증을 간이과세자 유형으로 선택하면 좋다는 것은 앞서 이미 설명했습니다.

간이과세사업자라면 거래처에 부가가치세를 제외한 금액으로 물류를 공급해 줄 수 있는지 물어보고 가능한 거래처를 선별하여 거래하는 것이 좋습니다. 간이과세자라면 매입 거래처를 선정하기 전 흥정이 가능한 거래처인지 아닌지 미리 알아봐야 합니다.

 예비 창업자
흥정이 가능한 거래처란 무엇인가요?

택스코디

부가가치세를 제외한 납품 단가로 흥정이 가능한 거래처를 선정하라는 의미입니다.

가령 김 사장님이 1년간 식재료를 매입한 금액이 1억 1,000만 원입니다. 김 사장님이 지급한 물건 값 1억 1,000만 원 중 1억 원은 매입액이고 1,000만 원은 부가가치세입니다.

일반과세사업자는 1천만 원을 부가가치세 신고 시 매입세액으로 공제받을 수 있습니다. 하지만 간이과세자는 1천만 원이 아닌 55만 원을 매입세액으로 공제받게 됩니다. 따라서 945만 원은 날린 것과 다름없습니다.

 예비 창업자

그럼 부가가치세 매입세액 공제가 적으면 내야 할 부가가치세가 커지는 것 아닌가요?

택스코디

간이과세자는 일반과세자와 달리 부가가치세가 현저히 적거나 없습니다. 간이과세자라면 부가가치세 부담은 붙들어 매고 자료 없이 싸게 현금으로 매입하는 것이 이득입니다.

배달 음식점을 운영하면 배달 대행 업체를 이용해야 합니다. 그러나 다음의 사례처럼 꼼수를 부려 매입세액 공제를 제대로 하지 않는 배달 대행 업체와는 거래하지 않는 것이 좋습니다.

사례

초보 사업자
배달 요금이 4,400원이면 400원이 부가가치세로 매입세액 공제되는 것 아닌가요?

배달 대행 업체를 이용하고 매번 현금 영수증(사업자 번호 지출 증빙)을 발급받았는데 홈택스에서 조회해 보니 아래와 같이 18원만 매입세액 공제됐습니다. 왜 이런 거죠?

현금 영수증 내역 누계 조회(홈택스)

상호	공급가액	부가세	봉사료	매입 금액	승인번호
A 대행	182	18	4,000	4,200	619006464
A 대행	182	18	3,500	3,700	619007392
A 대행	182	18	4,200	4,400	619008393
A 대행	182	18	3,500	3,700	619008490
A 대행	182	18	3,500	3,700	619008899

택스코디
······

배달 대행 업체와 거래하기 전에 반드시 거쳐야 할 과정이 부가가치세 포함 가격이 얼마인지 확인하는 것입니다. 위 홈택스 화면으로 보아 배달 대행 업체에서는 한 건당 대행 기사에게 200원의 수수료를 받는 것으로 보입니다. 그리고 배달 대행 업체는 수수료(200원)를 제외한 나머지 금액을 봉사료로 처리하여 배달 대행 기사의 수당으로 지급을 하는 것 같습니다. 따라서 위의 경우에는 부가가치세 매입세액 공제 금액은 18원이고, 종합소득세 경비 처리는 매입 금액에서 18원을 차감한 금액이 됩니다.

✦ ✦
비용 처리가 중요하다

 장사를 시작하면 돈을 어떻게 쓰느냐에 따라 추후 내야 할 세금이 달라집니다. 세금에 대해 잘 알고 매장을 운영하면 영업 외 이익도 창출할 수 있습니다. 그래서 배달 창업 전 세무 지식은 필수입니다. 세금은 아는 만큼 줄어듭니다.

집에서 쓴 돈과 사업장에서 쓴 돈을 구분하지 않고 관리하는 사업자들이 적지 않습니다. 사업과 무관하게 쓴 돈을 관행적으로 업무 관련 비용으로 처리하다가는 뜻하지 않은 세금 폭탄을 맞을 수 있습니다.

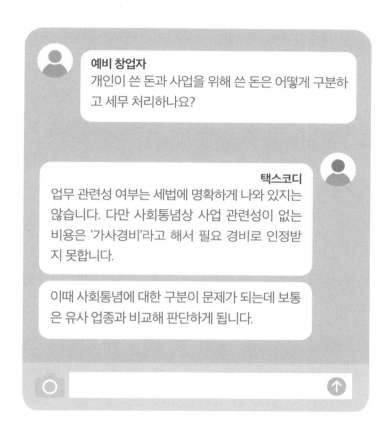

예비 창업자
개인이 쓴 돈과 사업을 위해 쓴 돈은 어떻게 구분하고 세무 처리하나요?

택스코디
업무 관련성 여부는 세법에 명확하게 나와 있지는 않습니다. 다만 사회통념상 사업 관련성이 없는 비용은 '가사경비'라고 해서 필요 경비로 인정받지 못합니다.

이때 사회통념에 대한 구분이 문제가 되는데 보통은 유사 업종과 비교해 판단하게 됩니다.

가령 배달 매장을 운영하는 사업자가 식대로 1,000만 원을 쓰고 사업용 경비로 처리했다면 같은 배달 업종에서 평균적으로 식대를 얼마나 사용했는지 비교해 봅니다. 거기에 적합하면 사회통념에 어긋나지 않은 것이고, 그보다 과하게 많으면 사회통념에 어긋난 게 된다는 뜻으로 이해하면 됩니다.

참고로 법인사업자는 1인 사업자라도 법인과 사주를 동일시하지 않기 때문에 어느 정도의 활동비를 인정해 줍니다. 그렇지만 개인사업자는 개인적인 지출과 업무적인 지출의 판단이 명확하지 않다면 일반적으로 업무용으로 인정받지 못합니다. 즉, 가사 경비인지 필요 경비인지 판단하기 애매하면 모두 필요경비로 인정받지 못합니다.

물론 개인사업자라고 해서 전부 인정하지 않는 것은 아닙니다. 사업 관련성을 따져보고 입증되면 경비 인정이 가능합니다. 하지만 대표자가 사업장과 동떨어진 타 지역에서 지출했거나, 휴일에 거주지 근처에서 쓴 식대 등은 사업을 위해 사용했다고 인정받기 어렵습니다. 법인의 경우도 원칙은 같습니다. 지출된 시간이나 장소, 지출의 용도를 따져서 사업과 관련된 비용인지 판단합니다.

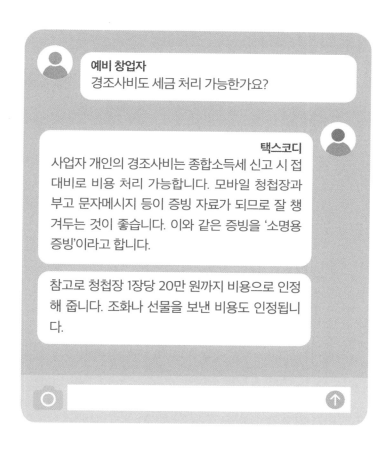

예비 창업자
경조사비도 세금 처리 가능한가요?

택스코디
사업자 개인의 경조사비는 종합소득세 신고 시 접대비로 비용 처리 가능합니다. 모바일 청첩장과 부고 문자메시지 등이 증빙 자료가 되므로 잘 챙겨두는 것이 좋습니다. 이와 같은 증빙을 '소명용 증빙'이라고 합니다.

참고로 청첩장 1장당 20만 원까지 비용으로 인정해 줍니다. 조화나 선물을 보낸 비용도 인정됩니다.

개인사업자는 연간 2,400만 원까지(100억 미만 사업자는 사업소득의 0.2퍼센트) 접대비로 인정받을 수 있습니다. 경조사비를 포함한 모든 접대비의 한도이기 때문에 청첩장이나 부고장을 많이 저장해둔다고 무조건 처리되는 것은 아닙니다.

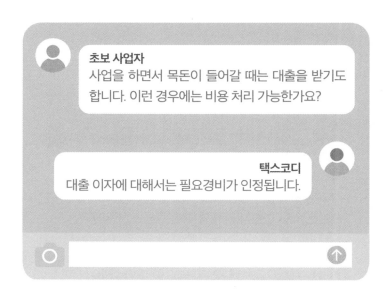

초보 사업자
사업을 하면서 목돈이 들어갈 때는 대출을 받기도 합니다. 이런 경우에는 비용 처리 가능한가요?

택스코디
대출 이자에 대해서는 필요경비가 인정됩니다.

주의할 것은 대출 역시 사업과의 관련성을 따진다는 것입니다. 배달 매장과 무관한 부동산을 매입한다면 이에 대한 필요 경비는 인정받지 못합니다. 또 사업과 관련 있다고 하더라도 구입한 자산보다 대출, 즉 부채가 훨씬 많다면 해당 부채 비율은 비용으로 인정받을 수 없습니다. 돈을 빌려서 사업이 아닌 다른 곳에 썼다고 판단하기 때문입니다.

수요일

배달 사업자의
창업 관리

창업 시기, 언제가 좋을까?

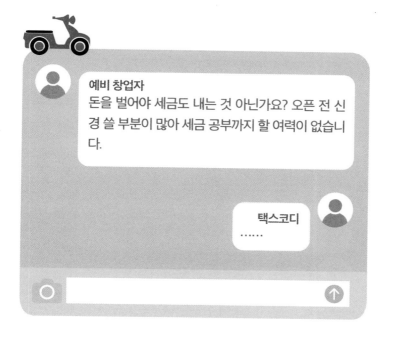

예비 창업자
돈을 벌어야 세금도 내는 것 아닌가요? 오픈 전 신경 쓸 부분이 많아 세금 공부까지 할 여력이 없습니다.

택스코디
……

많은 창업자가 위의 예비 창업자처럼 생각합니다. 하지만 아무것도 모르고 덜컥 사업을 해서는 안 됩니다. 개인사업자의 세금 구조에 대해 조금 알아볼까요?

개인사업자의 세금, 즉 부가가치세, 종합소득세는 번 돈에서 벌기 위해 쓴 돈을 차감하는 방식입니다. 벌기 위해 쓴 돈이 언제 가장 많이 지출될까요? 바로 개업 직전입니다. 인테리어도 해야 하고 각종 설비도 갖추어야 합니다. 소위 말하는 목돈이 가장 많이 지출되는 시기입니다.

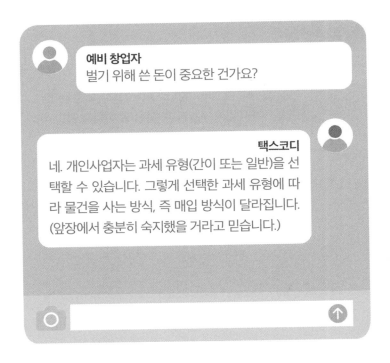

예비 창업자
벌기 위해 쓴 돈이 중요한 건가요?

택스코디
네. 개인사업자는 과세 유형(간이 또는 일반)을 선택할 수 있습니다. 그렇게 선택한 과세 유형에 따라 물건을 사는 방식, 즉 매입 방식이 달라집니다. (앞장에서 충분히 숙지했을 거라고 믿습니다.)

그렇다면 다른 것은 모두 배제하고 세무적인 관점으로만

볼 때, 언제 창업하는 게 가장 이상적일까요? 바로 1월 간이과세사업자로 사업자 등록을 하는 것이 가장 이상적인 시기입니다. 간이과세자로 시작해도 1년 매출 8,000만 원(종전에는 4,800만 원) 이상이 되면 일반과세자로 전환됩니다. 8,000만 원은 그다지 많은 매출이 아니므로 대부분의 사장님은 사업자 등록 후 다음 해에 일반과세사업자로 전환되는 경우가 많습니다.

가령 1월에 창업한다면 다음 해 6월까지는 부가가치세 신고 시 간이과세 방식으로 하니 18개월 정도 간이과세를 유지합니다. 그런데 12월에 창업해서 매출이 667만 원이 넘으면 다음 해 6월까지 7개월 정도만 간이과세를 유지할 수 있습니다. 따라서 간이과세사업자 유지 기간으로 보면 1월에 간이과세자로 창업하는 것이 유리합니다.

예비 창업자
족발집을 운영하는 사업자가 배달의 민족, 요기요 등 배달 플랫폼에 추가로 떡볶이집을 등록해 운영하려면 사업자 등록을 다시 내야 하는 건가요?

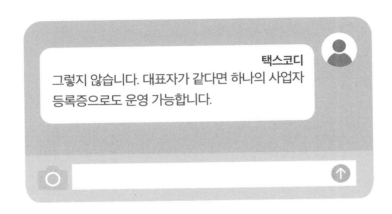

택스코디

그렇지 않습니다. 대표자가 같다면 하나의 사업자 등록증으로도 운영 가능합니다.

다만 본인이 아닌 다른 사람이 숍 인 숍(shop in shop) 형태로 식당을 운영하면 사업자 등록을 별도로 신청하고 주방을 구분해 영업 허가증을 받은 뒤 운영해야 합니다.

하지만 이런 어려움은 2021년 12월 30일부터 개선되었습니다. 종전 식품위생법 시행규칙에 따르면 교차 오염 우려로 한 주방을 다수 사업자가 공유할 수 없었지만, 2020년 12월 29일 규제 샌드박스 승인으로 식품법이 개정돼 가이드 라인을 준수하면 구획 구분 없이도 주방을 공유하는 것이 가능해졌습니다. 이는 2021년 12월 30일부터 시행됐습니다.

반드시 피해야 하는 점포

 배달 창업을 할 때 절대 계약해서는 안되는 점포가 있습니다. 바로 간이과세 배제 건물, 배제 지역입니다. 간이과세사업자로 등록되지 않는 경우는 세법으로 정해놓았습니다.

간이과세 배제 건물은 백화점이나 대형 마트를 말합니다. 배달 창업을 하는데 군이 백화점이나 대형 마트에 입점할 이유는 없습니다. 더불어 일반과세사업자의 매장을 포괄양수도 계약을 하는 경우도 간이과세사업자로 등록되지 않습니다. 이미 일반과세사업자 등록증을 보유하고 있는 경우에도 마찬가지입니다.

배달 음식점은 간이과세 배제 업종이 아니므로 가장 주의해야 할 부분은 간이과세 배제 지역입니다. 배제 지역은 서울의 경우 강남, 대구의 경우 동성로, 부산의 경우 서면 일대 등

중심 상업 지역을 뜻합니다. 배제 지역은 번지수로 정확하게 정해두었습니다. 점포를 계약하기 전에 먼저 간이과세 배제 지역인지 확인해야 합니다. 제대로 알아보지 않았다가 간이과세 배제 지역을 계약하게 된다면 내지 않아도 될 세금(부가가치세)을 내게 됩니다.

예를 들어 1년 매출이 2억 2,000만 원, 매입이 5,500만 원일 때 일반과세자로 창업했다면 부가가치세를 1,500만 원이나 납부하게 됩니다. 그런데 간이과세자로 창업했다면 부가가치세가 0원입니다. 이제 간이과세 배제 지역을 꼭 피해야 하는 이유가 이해되시나요?

예비 창업자
간이과세 배제 지역, 배제 건물은 어디에서 확인 가능한가요?

택스코디
임대하는 건물이 간이과세 배제 지역인지 정확하게 확인하려면 관할 소재지 세무서에 전화해 물어보거나, 국세청 홈페이지에서 관련 자료를 열람해 지번으로 정확하게 확인할 수 있습니다. 다음의 순서를 따라가면 됩니다.

> 국세청 홈페이지→국세법령정보시스템→법령→
> 고시→부가→배제 검색→간이과세 배제 기준 개정
> 고시

처음 창업할 때는 이러한 세무 지식을 알지 못해 처음부터 일반과세자로 시작하는 경우가 종종 있습니다. 이들은 간이과세자라면 내지 않아도 될 부가가치세를 납부하게 됩니다. 조금만 공부해 보면 충분히 아낄 수 있는 돈인데 말이죠.

참고로 간혹 임대차 기간이 종료된 후 재계약하지 않는다면 임대인이 원상 복구를 요청할 수 있습니다. 임차인은 계약 종료 시 원상 복구 의무를 부담해야 합니다. 원상 복구 범위는 계약서에 적은 특약에 따라 정해지는데, 까다로운 임대인을 만나면 추후 매장을 정리할 때도 철거 비용이 발생할 수 있습니다. 그러니 계약 전 임대인의 성향을 잘 파악하고 특약도 꼼꼼하게 살펴야 합니다.

배달 사업자의 사업자 등록

 배달 사업자가 재료를 매입하고, 매입한 물건을 팔아 매출을 발생시키는 모든 과정이 세금과 연결됩니다. 세금을 잘 관리하는 것이 안정적인 자금 흐름을 위한 첫 단추입니다. 매출이 증가하면 세금이 늘어나는데 갑자기 늘어난 세금을 감당할 만큼의 여유 자금이 없다면 당황할 수밖에 없죠. 이것이 사업자가 본인이 내야 하는 세금의 구조를 알고 미리 준비해야 하는 이유입니다.

코로나19로 인해 본격적인 언택트 시대로 접어든 요즘, 배달 사업을 새로 시작하거나 도입하는 사업자가 많습니다. 온라인·애플리케이션 등 주문 채널이 다양화되면서 세금 정산을 위해 확인할 사항도 늘었습니다. 그런데 가파른 확산세와는 달리 사업자라면 누구나 해야 하는 사업자 등록에 대해서는 잘 알지 못하는 경우가 대부분입니다.

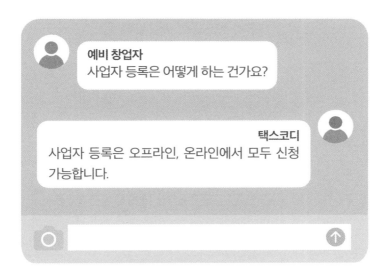

예비 창업자
사업자 등록은 어떻게 하는 건가요?

택스코디
사업자 등록은 오프라인, 온라인에서 모두 신청 가능합니다.

사업자 등록 방법을 알려드리겠습니다. 먼저 가까운 세무서 민원봉사실에 방문해서 신청할 수 있습니다. 사업장 주소지 관할 세무서에서 신청하는 것이 원칙이지만, 다른 세무서에 방문해서 신청할 수도 있습니다. 참고로 사업자 등록은 각 사업장마다 해야 하며, 사업을 시작한 날로부터 20일 이내에 반드시 진행해야 합니다.

세무서에 직접 방문하지 않고 온라인으로 사업자 등록을

신청할 수도 있습니다. 이는 국세청 홈택스에 접속해 필요한 정보와 서류를 입력한 뒤 진행하면 됩니다. 대부분 신청일로부터 3일 이내에 사업자 등록증이 발급됩니다.

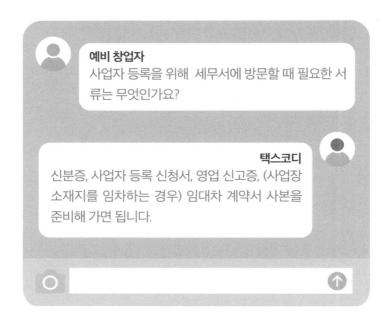

예비 창업자
사업자 등록을 위해 세무서에 방문할 때 필요한 서류는 무엇인가요?

택스코디
신분증, 사업자 등록 신청서, 영업 신고증, (사업장 소재지를 임차하는 경우) 임대차 계약서 사본을 준비해 가면 됩니다.

참고로 사업을 시작하기 전에 미리 사업자 등록을 할 수도 있습니다. 집기 등을 미리 구비해야 하는 경우라면 예외적으로 사업 개시 전 사업자 등록을 진행해 세금 계산서를 발급받을 수 있습니다. 다만 이 경우엔 사업을 시작할 것이 분명함이 객관적으로 확인되어야 합니다.

예비 창업자
사업자 등록을 하지 않으면 어떤 불이익이 있나요?

택스코디

사업자 등록을 하지 않을 경우, 공급가액의 1퍼센트에 해당하는 가산세를 물게 됩니다. 공급가액이란 부가가치세(10퍼센트)가 포함된 매출액에서 부가가치세를 제외한 금액을 의미합니다.

또 사업을 위해 사용된 부가가치세액인 매입세액을 공제받을 수도 없습니다. 사업자 등록을 하지 않으면 세금 계산서를 발급받을 수 없기 때문입니다.

목요일

배달 사업자의
직원 관리

근로기준법,
이 정도는 알고 시작 하자

근로기준법에서는 '사용자'를 '사업주 또는 사업경영 담당자, 그 밖에 근로자에 관한 사항에 대하여 사업주를 위하여 행위하는 자를 말한다'라고 정의합니다(「근로기준법」 제2조, 제2호).

위 문장을 잘 살펴보면 '사용자'라는 용어의 뜻을 정의한다기보다는 사용자에 해당하는 자의 범위를 규정하고 있습니다. 이런 이유는 근로자를 사용하는 주체로써 근로자를 보호하는 법규를 지킬 의무가 있는 대상을 규정하기 위해서입니다. 일정한 의무를 지닌다는 것은 의무를 지키지 않으면 처벌의 대상이 될 수 있다는 말과 같습니다.

사용자는 근로기준법에서 다음과 같은 세 종류로 구분됩니다.

1. **사업주:** 근로기준법에서 사업주는 대표와 법인까지를 통칭합니다.
2. **사업경영 담당자:** 법인 회사의 대표 이사나 경영진을 말합니다.
3. **근로자에 관한 사항에 대하여 사업주를 위하여 행위하는 자:** 대법원 판례에서는 근로자의 인사, 급여, 후생, 노무관리 등 근로 조건의 결정 또는 업무상의 명령이나 지휘, 감독 등의 사항에 대해 사업주로부터 일정한 권한과 책임을 부여받은 사람으로 풀이합니다.

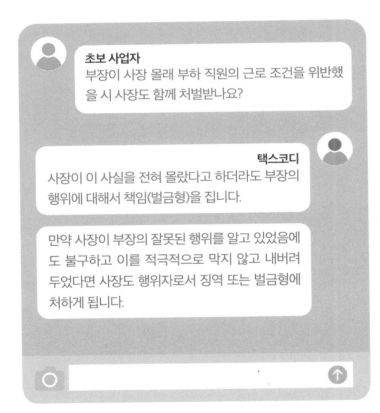

초보 사업자
부장이 사장 몰래 부하 직원의 근로 조건을 위반했을 시 사장도 함께 처벌받나요?

택스코디
사장이 이 사실을 전혀 몰랐다고 하더라도 부장의 행위에 대해서 책임(벌금형)을 집니다.

만약 사장이 부장의 잘못된 행위를 알고 있었음에도 불구하고 이를 적극적으로 막지 않고 내버려 두었다면 사장도 행위자로서 징역 또는 벌금형에 처하게 됩니다.

모든 법은 그 법을 지켜야 할 대상을 규정합니다. 그 대상이 법을 몰라서 지키지 않았다고 하더라도 책임이 없는 것은 아닙니다. 정리하자면 사용자가 근로기준법에 관해 알든 모르든 법을 지킬 의무가 있고, 의무를 위반하면 처벌받게 됩니다. 이를 '강행규정'이라고 표현합니다. 근로기준법은 대부분 강행규정이므로 사용자가 법을 위반하면 과태료, 벌금, 징역 등의 형사 처분을 받게 됩니다.

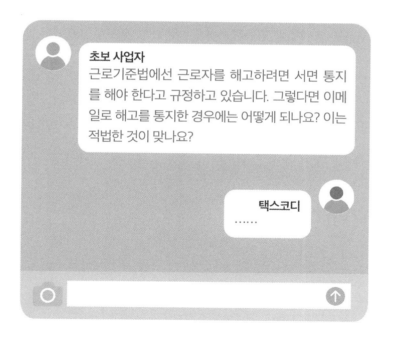

초보 사업자
근로기준법에선 근로자를 해고하려면 서면 통지를 해야 한다고 규정하고 있습니다. 그렇다면 이메일로 해고를 통지한 경우에는 어떻게 되나요? 이는 적법한 것이 맞나요?

택스코디
......

이와 같은 상황에서는 두 가지 사항을 확인해 볼 필요가 있습니다.

하나는 전자 문서와 종이 문서의 유사성 여부입니다. 대법원 판례에서는 즉시 출력 가능한 상태의 전자 문서는 사실상 저장과 보관에 있어 지속성이나 정확성이 종이 문서보다 낫다, 즉 전자 문서가 종이 문서의 역할을 대체할 수 있다고 판단했습니다.

다른 하나는 해고 통지 역할 수행 여부입니다. 대법원 판례에서는 이메일의 형식과 작성 경위 등에 비추어 사용자의 해고 의사를 명확하게 확인할 수 있고, 해고 사유와 해고 시기에 관한 내용이 구체적으로 기재되어 있으면 해고 통지의 역할을 충분히 수행하고 있다고 판단했습니다. 정리하자면 이메일로 해고 통지한 경우에도 충분히 해고의 효력이 있습니다.

인건비를 제대로 신고하자

 세금을 줄이기 위해서는 비용 처리가 중요합니다. 직원을 고용한 사업자의 절세법 중 하나가 인건비를 제대로 신고하는 것입니다. 4대보험료 부담 때문에 사업주와 근로자가 합의해서 인건비 신고를 하지 않는 경우가 종종 있습니다. 하지만 4대보험 가입은 의무사항이고, 이를 이행하지 않으면 각 공단으로부터 과태료 고지서를 받을 수 있습니다.

세금 측면에서도 인건비 신고는 중요합니다. 인건비를 종합소득세 신고 시 필요 경비로 처리할 수 있기 때문입니다. 참고로 인건비는 부가가치세 신고 시 매입세액 공제를 받을 수 없습니다. 이렇게 인건비 신고를 통해 필요 경비로 처리하면 사업 소득이 줄어들어 소득세 부담도 줄어듭니다. 그리고 일자리 안정자금, 두루누리 사회보험지원금, 청년고용창출

지원금 등의 지원금을 받으려면 고용보험을 포함한 4대보험 가입이 필수이므로 보험료를 미납하지 않고 인건비 신고 역시 제대로 하는 것이 좋습니다.

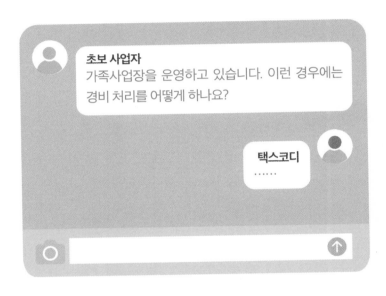

가족에게 급여를 주고 함께 일하는 가족사업장도 많죠. 가족이라고 해서 급여(인건비)를 인정해 주지 않는 것은 아닙니다. 다만 사회통념상 동일 업종, 동일 업무에 비교해서 과도하게 많은 급여가 지급되면 인건비가 인정되지 않을 수도 있습니다. 업무 성격상 고급 인력이 아닌데 월급으로 월 1,000만 원씩 지급하고 있다면 의심을 사기에 충분하죠. 실제로 소득세 부담을 줄이려고 일하지 않는 가족에게 급여를 지급하는 경우도 있습니다.

가족 인건비를 비용으로 인정받기 위해서는 실제 지출 내역이 입증돼야 합니다. 4대보험 가입뿐만 아니라 소득세를 원천징수하고 신고해야 합니다. 지급 명세서도 국세청에 제출해야 합니다.

참고로 개인사업자 본인의 급여는 비용 처리가 불가능하지만, 사회보험료는 비용 처리 가능합니다. 다만 신고 시 종종 누락되니 주의합시다. 국민연금과 건강보험은 직전 연도 소득 금액이 납부액을 계산하는 지표가 된다는 것도 알아두면 좋습니다. 지난해 소득이 많이 늘었으면 올해 4대보험 부담이 늘 것이라고 예상할 수 있습니다.

배달 직원을 고용할 때
알아야 할 팁

초보 사업자
최근 배달 주문이 많아져서 배달 직원을 채용하는 것을 고민하고 있습니다. 배달 대행 업체를 쓰는 경우와 배달 직원을 고용해 직접 배달하는 경우에는 세금 처리 방식이 크게 다른가요?

택스코디
가장 큰 차이는 비용 처리 부분입니다. 배달 대행 업체를 이용하면 대부분 배달 건수에 비례한 대행 수수료 등에 대해 세금 계산서를 받게 되고, 지급 수수료는 비용으로 처리됩니다.

배달 직원을 직접 고용한 경우에는 사업장에서 직원을 채용하는 것이므로 배달 직원에게 지급하는 급여에 대한 인건비 신고와 4대보험료 및 복리후생비 등 여러 가지 비용이 발생합니다. 오토바이 구입비와 유류대 등도 물론 비용 처리 가능합니다.

따라서 사업자는 대행업체에 지출하는 수수료와 직원 채용 시 발생하는 인건비 외의 유지 비용을 함께 고려해서 비교한 후 결정하는 것이 좋습니다.

창업할 때 가장 많이 고민하는 것 중 하나가 4대보험 가입 문제입니다. 국민건강보험과 국민연금, 고용보험, 산재보험을 통틀어 4대보험이라고 부르는데, 국민이라면 의무적으로 가입해야 하는 의무보험이지만 이에 대해 아는 것은 많이 부족한 것이 현실입니다. 사회생활 시작을 창업으로 하는 경우도 그렇지만 직장을 다니다 그만두고 창업하는 경우에는 특히 회사에서 관리해 주던 4대보험을 직접 챙겨야 하므로 더 고민이 많을 수 있습니다. 4대보험은 사업장과 가까운 기관을 직접 찾아가거나 4대사회보험 정보연계센터(www.4insure.or.kr)를 통해서 안내받을 수 있으며 신고 및 가입 역시 처리할 수 있습니다.

사업자가 4대보험에 부담을 갖는 이유는 직장가입자와 지역가입자 간 보험료의 차이가 크기 때문입니다. 4대보험 중에서도 국민건강보험과 국민연금은 사업주가 고용하고 있는 직원이 한 명이라도 있는지에 따라 직장 가입과 지역 가입으로 구분이 나뉜다는 특징이 있습니다.

국민건강보험은 직원이 있는 경우 사업주도 직장가입자로 분류되며, 그 보험료는 종합소득세 신고금액을 기준으로 책정됩니다. 반면 직원이 없는 사업주는 건강보험 지역가입자로 분류되며, 소득은 물론 재산점수를 합산해서 보험료가 차등 부과됩니다.

국민연금도 직원이 있는 사업주는 직장가입자로 분류되고, 직원이 없는 경우 지역가입자로 분류됩니다. 국민연금보험료는 직장 가입과 지역 가입 모두 기준 월 소득액에 9퍼센트의 보험료율을 곱하는 방식이지만, 직장 가입은 사업주와 직장가입자가 절반씩(4.5퍼센트)을 부담하도록 되어 있어 보험료를 부담하는 주체가 일부 달라지는 차이가 있습니다.

고용보험과 산재보험은 근로자가 있는 사업장은 의무 가입해야 하고, 1인 사업자는 임의 가입 가능한 보험입니다. 1인 사업자도 고용보험에 가입하면 폐업 시 실업급여를 받을 수 있습니다.

사업자 입장에서 4대보험료는 상당한 부담입니다. 매출 규모나 직원의 유무와는 무관하게 창업한 다음 달부터 당장 보험료 고지서가 날아오기 때문입니다. 다행히 4대보험과 관련한 정부 지원책이 다양하게 제공되고 있습니다. 각각의 요건과 신청 기간을 꼼꼼하게 챙겨서 꼭 받아보는 것이 중요합니다. 자금 융통이 어려운 창업 초기에는 소액의 사회보험 지원금조차 큰 도움이 되기 때문입니다.

먼저 근로자 10인 미만 사업장의 사회보험료를 지원하는 두리누리 보험료 지원 사업이 있습니다. 사업주 본인의 보험료 지원은 불가능하지만, 고용된 근로자의 월 평균 보수가 220만 원 미만이라면 근로자의 국민연금과 고용보험료를 90퍼센트까지 지원하는 제도입니다.

소상공인진흥공단에서 운영하는 1인 자영업자 고용보험 지원 제도도 있습니다. 이에 따르면 창업과 동시에 자영업자 고용보험에 가입하면 고용보험 일부(30~50퍼센트)를 최대 3년간 지원받을 수 있습니다. 1인 자영업자 고용보험료 지원 홈페이지(go.sbiz.or.kr)나 전국 소상공인지원센터에서 신청할 수 있으니 꼭 확인해 보길 바랍니다.

금요일

배달 사업자의
장부 관리

꼭 기억해야 할 장부 두 가지

종합소득세 신고 기간이 되면 사장은 얼마를 벌었는지(이익) 혹은 얼마나 손해 봤는지(손실)를 계산해서 국세청에 신고해야 합니다. 손실을 봤다면 세금을 내지 않아도 되지만, 이익을 얻었다면 세금을 내야 합니다.

그런데 과세 당국의 입장에서는 사업자가 스스로 신고한 것을 모두 믿을 수는 없습니다. 실수 혹은 고의로 잘못 신고할 수도 있기 때문입니다. 그런 이유로 사업과 관련된 거래 내역을 모두 기록으로 남기도록 하고, 장부를 바탕으로 국세청이 신고 내용의 사실 여부를 검증하는 것입니다.

사업자가 장부에 기록하는 것을 '기장(記帳)'이라고 합니다. 기록된 장부 자체를 기장이라고 부르기도 합니다. 기장은 원칙적으로 복식부기 방식으로 해야 합니다. 이는 '차변'과 '대변'이라는 구분을 통해 자산과 부채, 자본, 그리고 비용과 수익 등의 흐름을 총합계가 같도록 일치시켜서 정리하는 방식을 말합니다. 단순히 현금이 들어오고 나가는 것만 정리하는 가계부와 다르므로 복식부기 장부를 작성하려면 회계 지식이 필요합니다.

회계나 재무 담당자를 따로 두지 않는 영세 사업자들은 기장이 어려워서 세금 신고를 하지 못하는 상황도 발생할 수도 있습니다. 그래서 국세청은 소규모 사업자들을 위해 예외적으로 간편하게 장부를 써서 신고할 수 있도록 새로운 양식을 하나 만들었습니다. 바로 '간편장부'입니다.

간편장부는 매입과 매출 거래를 거래처별로 날짜순으로 정리하도록 양식이 정해져 있습니다. 복식부기보다 훨씬 간편하면서도 모든 거래를 건별로 다 기록하도록 하고 있어서 장부의 신뢰도도 보장된다는 장점이 있습니다.

초보 사업자
간편장부와 복식부기 대상자를 구분하는 기준이 있나요?

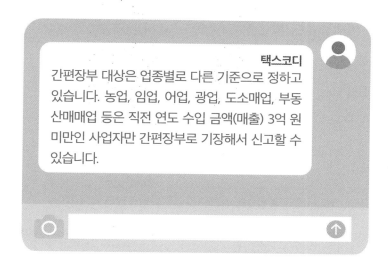

덧붙여 제조업, 숙박·음식업, 전기·가스·증기·수도사업, 건설업, 운수업, 출판·영상, 방송통신 및 정보 서비스업, 금융보험업, 상품중개업 등은 수입 금액이 1억 5,000만 원 미만인 사업자들에게만 허용됩니다. 배달 음식점 역시 1억 5,000만 원이 기준입니다.

부동산임대업, 임대업, 전문·과학·기술 서비스업, 사업시설관리·사업 지원 서비스업, 교육 서비스업, 보건 및 사회복지사업, 예술·스포츠·여가 관련 서비스업 등은 수입 금액 7,500만 원 미만이면 간편장부로 신고할 수 있습니다.

반대로 위 수입 금액 기준을 넘어서는 사업자들은 반드시 복식부기 방식으로 기장을 해야 하는 복식부기의무자로 구분됩니다. (변호사, 변리사, 법무사, 공인회계사, 세무사, 의사, 한의사, 수의사, 약사 등의 전문직 사업자는 수입 금액 구분 없이 복식부기 의무자가 됩니다.)

개인사업자의 업종에 따른 수입 금액으로의 장부 작성 기준

업종	간편장부 대상자	복식부기 의무자
농업, 임업, 어업, 광업, 도매 및 소매업, 부동산매매업(제122조 제1항) 등	3억 원 미만인 자	3억 원 이상인 자
제조업, 숙박업, 음식점업, 전기/가스/증기 및 수도사업, 하수/폐기물처리 및 환경복원업, 건설업, 운수업, 출판/영상/방송통신 및 정보 서비스업, 금융 및 보험업, 상품중개업 등	1억 5,000만 원 미만인 자	1억 5,000만 원 이상인 자
부동산임대업, 부동산 관련 서비스업, 임대업, 전문과학 및 기술 서비스업, 교육 서비스업, 보건업 및 사회복지 서비스업, 개인 서비스업 등	7,500만 원 미만인 자	7,500만 원 이상인 자

참고로 신규 사업자는 모두 간편 장부 대상자입니다. 간편 장부는 국세청 홈택스에서 아래의 순으로 다운로드 가능합

니다.

국세청 홈택스→개인 신고 안내→종합소득세→장부기장 의무 안내→간편 장부 안내

◆◆ 돈 버는 사장의 비법 노트

 세금을 구하는 공식은 번 돈에서 벌기 위해 쓴 돈을 빼는 것이라고 설명했습니다. 매입 장부란 바로 벌기 위해 쓴 돈을 기록한 장부를 말합니다. 매입이란 판매를 하기 위한 상품이나 제품 등에 필요한 원재료나 저장품 등을 구매하는 것을 뜻합니다. 따라서 '매입 장부'란 원재료나 저장품 등을 어디에서, 언제 매입했는지 기록하여 관리할 수 있는 서식입니다. 매일 발생하는 거래에 대해 기록하면 전체적인 매입 내역을 확인할 수 있으며, 매월 합계액, 분기 합계액, 반기 합계액, 연 합계액을 파악할 수 있습니다.

장부를 매입 거래처별로 작성하면 매입 내역과 금액이 쉽게 파악되므로 도움이 됩니다. 그리고 공급가액에 세금(부가가치세)이 별도인지 포함인지 구분해서 작성하면 세금 신고

시 편리합니다. 일자순으로 작성하면 쉽게 파악할 수 있고 특별히 기록해야 할 내역이 있다면 비고란을 활용하는 것이 좋습니다.

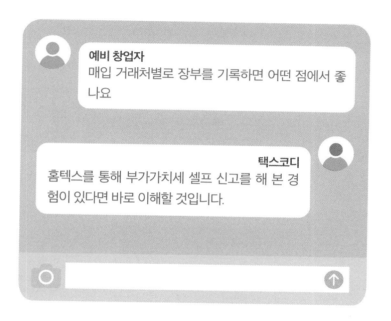

예비 창업자
매입 거래처별로 장부를 기록하면 어떤 점에서 좋나요

택스코디
홈텍스를 통해 부가가치세 셀프 신고를 해 본 경험이 있다면 바로 이해할 것입니다.

매입 장부를 거래처별로 관리하면 매우 편리합니다. 홈텍스를 통해 부가가치세 신고를 하게 되면, 과세 기간 동안 매입처, 총 건수, 총 공급가액, 총 세액을 입력해야 합니다. 가령 A라는 매입 거래처에서 1월부터 6월까지 총 매입한 금액이 1,100만 원이고, 세금 계산서를 매달 받았다고 가정하면 다음의 표처럼 입력해야 합니다. 특히 매입 거래처가 여러 군데이고 매입 금액이 큰 경우일 수록 매입 장부를 작성하는 것은 필수입니다.

사업자 번호	발행 건수	공급가액	세액
111-11-11111	6	10,000,000	1,000,000

장부만 잘 기록해도 돈을 번다

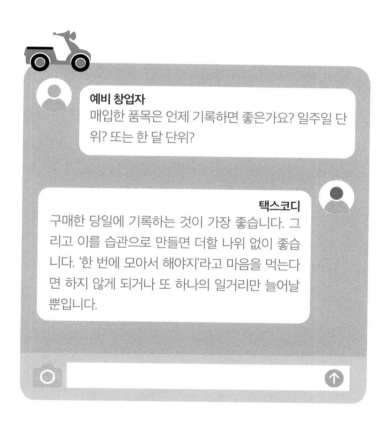

예비 창업자
매입한 품목은 언제 기록하면 좋은가요? 일주일 단위? 또는 한 달 단위?

택스코디
구매한 당일에 기록하는 것이 가장 좋습니다. 그리고 이를 습관으로 만들면 더할 나위 없이 좋습니다. '한 번에 모아서 해야지'라고 마음을 먹는다면 하지 않게 되거나 또 하나의 일거리만 늘어날 뿐입니다.

예를 들어 봅시다. 식당을 운영하는 최 사장님은 G마켓에서 신용카드로 주방 용품을 구매했습니다. 매입 즉시 장부를 기록하는 게 습관이 된 최 사장님은 당일 날짜로 아래처럼 기록합니다.

날짜	매입처	매입 품목	공급 가액	부가 가치세	비고
○월 ○일	G마켓 (A 유통)	주방 용품	150,000원	15,000원	삼성 카드

부가가치세 신고 시 매입세액 공제를 받기 위해서는 사용한 사업자 신용카드 번호, 매입처의 사업자 번호, 공급가액을 기록해야 합니다. 위 내용을 입력하기 위해서 신용카드 내역을 조회해 보면 구매한 사업자가 이베이코리아(G마켓)로 표시됩니다. 그런데 부가가치세 신고 시 주의할 점은 이베이코리아의 사업자 번호를 적는 게 아니라 구매한 원사업자(A 유통)의 사업자 번호를 기재해야 한다는 점입니다. 따라서 비고란에 A 유통의 사업자 번호도 함께 기록해야 합니다.

그런데 이런 매입 장부를 시간이 한참 흐른 뒤에 매입 장한꺼번에 기록하려면 과거 거래 내역을 다 살펴야 하고, 만약 힘들게 찾았다고 하더라도 원사업자를 찾기 위해 또 시간을 허비해야 합니다. 사실 저도 이런 경험이 있는데 여간 힘든 게 아니었습니다. 여러분은 반드시 장부 기록을 미루지 말고 제때제때 해두는 습관을 들이시기를 바랍니다.

사업 연도(개인사업자의 종합소득세 과세 기간은 1월 1일부터 12월 31일까지) 동안 영업 활동과 관련한 수많은 거래 기록을 근거로, 일정 시점(개인사업자는 보통 12월 31일)에 기업이 보유하고 있는 자산 상태, 사업실적, 소요된 원가 등을 작성하기 위한 일련의 과정을 결산이라 합니다. 결산 과정을 통해서는 지난해의 이익 또는 손실을 확인할 수 있습니다.

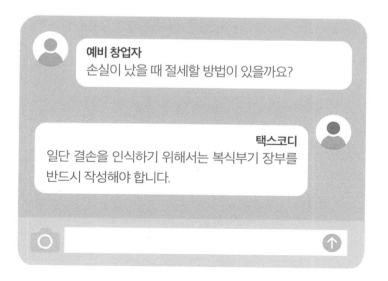

예비 창업자
손실이 났을 때 절세할 방법이 있을까요?

택스코디
일단 결손을 인식하기 위해서는 복식부기 장부를 반드시 작성해야 합니다.

중소기업의 경우에는 결손금 소급 공제를 통해 보통 당해 연도의 결손과 전년도 이익을 소급해 공제받을 수 있습니다. 또 결손을 다음 해로 이월해 이익이 발생하는 해에 해당 결손금을 공제받을 수도 있습니다. 따라서 창업 첫해부터 손실이 예상된다면 꼭 장부를 작성해야 합니다.

토요일

배달 사업자의
부가가치세

쉽고 편한 간이과세사업자의 부가가치세

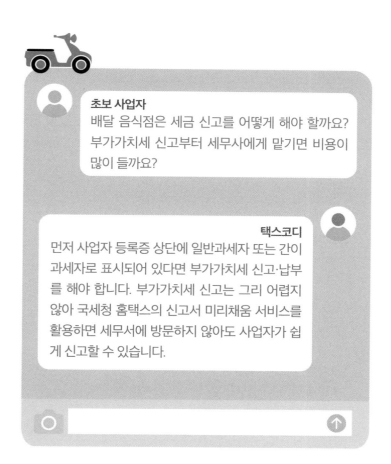

초보 사업자
배달 음식점은 세금 신고를 어떻게 해야 할까요?
부가가치세 신고부터 세무사에게 맡기면 비용이
많이 들까요?

택스코디
먼저 사업자 등록증 상단에 일반과세자 또는 간이
과세자로 표시되어 있다면 부가가치세 신고·납부
를 해야 합니다. 부가가치세 신고는 그리 어렵지
않아 국세청 홈택스의 신고서 미리채움 서비스를
활용하면 세무서에 방문하지 않아도 사업자가 쉽
게 신고할 수 있습니다.

사업자들이 가장 고민하는 것 중 하나가 부가가치세 과세 유형을 선택하는 일입니다. 대부분은 신고가 간편하고 세금 부담이 적은 간이과세로 창업하면 유리합니다. 업종이나 상황에 따라 일반과세가 유리할 때도 있습니다.

초보 사업자
간이과세자의 부가가치세 신고 기간은 언제인가요?

택스코디
간이과세자는 1월 1일~12월 31일, 즉 1년간의 실적을 다음 해 1월 1일~1월 25일까지 신고, 납부해야 합니다.

초보 사업자
간이과세 배제 기준 금액에 면세 매출도 포함되나요?

택스코디
간이과세 배제 기준 금액 8,000만 원에는 면세 수입 금액(매출)은 포함되지 않고, 과세 수입 금액만 포함됩니다.

초보 사업자
간이과세자에게서 받은 세금 계산서도 매입세액 공제를 받을 수 있나요?

택스코디

간이과세사업자는 세금 계산서를 교부할 수 없습니다. 따라서 간이과세자가 교부한 세금 계산서 매입세액도 매출세액에서 공제되지 않습니다. 다만 2021년부터 간이과세자로 전환하는 연 매출 4,800만 원 이상~8,000만 원 미만인 간이과세자는 세금 계산서를 발급할 수 있으므로 신용카드 전표 등에 대한 매입세액 공제가 가능합니다.

초보 사업자
간이과세자에서 일반과세자로 변경하고 싶어요.

택스코디

간이과세자가 일반과세자로 전환하려면 적용받으려는 달의 전달 마지막 날까지 간이과세 포기 신고서를 국세청에 접수하면 됩니다. 세무서 민원실을 직접 방문하거나 국세청 홈택스에서 인터넷 접수를 하면 됩니다. 접수하는 다음 달 1일부터 일반과세자로 변경됩니다.

초보 사업자
제조업도 간이과세자로 등록 가능한가요?

택스코디
제조업은 원칙적으로 간이과세 배제 업종에 해당합니다. 다만 주로 최종소비자에게 직접 재화를 공급하는 사업으로 과자점업, 도정업, 제분업, 떡방앗간, 양복점업, 양화점업, 그 밖의 공급 재화 50퍼센트 이상을 최종소비자에게 공급하는 사업장(국세청장 고시)은 간이과세가 가능합니다.

초보 사업자
부가세 납부 의무 면제자는 세금 신고를 안 해도 되나요?

택스코디
간이과세자 중 연간 공급대가 합계 4,800만 원(종전에는 3,000만 원) 미만인 사업자의 경우 부가가치세 납부 의무는 면제되지만, 신고의 의무까지 면제된 것은 아닙니다. 납부의무 면제자도 추후 종합소득세 신고를 위해 반드시 신고해야합니다.

배달의 민족 카드 매출,
신용카드 매출세액 공제 가능하다

프랜차이즈 음식점은 각각의 매장에서 발생한 매출이나 재료 매입 금액이 본사와 공유되기 때문에 만약 국세청에서 본사를 세무 조사하면 각 매장의 매출 내역도 드러나게 됩니다. 하지만 프랜차이즈 음식점이 아니라면 현금 매출이 덜 노출되기 때문에 사업자들이 제대로 신고하지 않기도 합니다. 현금 매출을 전혀 신고하지 않으면 국세청에서 의심할 수도 있습니다. 따라서 신용카드 대비 일정 금액은 현금 매출로 신고하는 것이 좋습니다.

세무 조사를 나오면 프랜차이즈 식당의 주류 매입 비율, 카페의 우유 매입 비율, 배달 음식점의 배달 애플리케이션 지불 수수료 세금 계산서 금액 등을 따져 현금 매출 누락 규모를 역산하기도 합니다. 실제 매출과 신고한 매출의 차이가 크면 부가가치세와 가산세를 추정하기도 합니다. 일단 매출 누락으로 세무 조사를 받게 되면 빠져나갈 방법은 없습니다.

비슷하게 보일 수 있지만, 세액 공제와 매입세액 공제는 다른 말입니다. 부가가치세는 아래의 공식으로 계산됩니다.

부가가치세=매출세액-매입세액

위 공식으로 계산된 부가가치세에서 다시 금액을 빼주는 것을 세액공제라고 합니다. 새액공제는 크게 전자신고 세액 공제, 신용카드 매출세액 공제 두 가지로 나뉩니다.

전자신고 세액 공제는 1, 2기 부가가치세 확정 신고 기간에 홈택스를 통해 전자신고를 하면 1만 원을 세액공제 해 주는 것을 말합니다. 큰돈은 아니지만 1년이면 2만 원을 공제받는 것입니다. 티끌 모아 태산이라고 하지요.

그리고 신용카드 매출세액 공제는 1월부터 6월까지 신용카드(현금 영수증 포함) 매출이 1,000만 원이면 이 금액의 1퍼센트(즉, 10만 원)를 세액공제 해 줍니다.

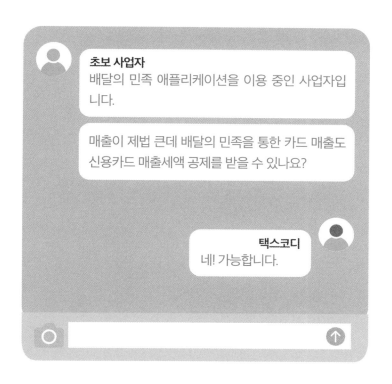

초보 사업자
배달의 민족 애플리케이션을 이용 중인 사업자입니다.

매출이 제법 큰데 배달의 민족을 통한 카드 매출도 신용카드 매출세액 공제를 받을 수 있나요?

택스코디
네! 가능합니다.

　개인사업자의 경우 예외적인 경우를 제외하고선 부가가치세 신고 시 신용카드 매출 및 현금 영수증 매출액에 대해 일정 비율(1퍼센트, 연간 한도 1,000만 원)을 세액 공제 받을 수 있습니다.

　매장에서 이뤄지는 신용카드 결제는 보통 VAN사를 이용하므로 문제가 없으나 온라인 쇼핑몰의 경우 여신전문금융업법 결제 대행 업체가 아닌 곳을 통해 결제한 경우 신용카드 매출세액 공제를 받을 수 없습니다. 배달의 민족, 11번가, G마켓, 옥션, 스토어팜 등은 결제 대행 업체로 등록되어 있어 신용카드 매출세액 공제가 가능합니다.

배달 사업자의
부가가치세 신고

 현재 배달 애플리케이션(배달의 민족, 요기요 등)을 통한 매출은 국세청 신용카드 매출 내역에 자동으로 집계되지 않습니다. 게다가 배달 애플리케이션 매출은 내역을 파악하기 힘들어 중복이나 누락될 가능성이 큽니다. 하지만 매출을 누락하면 가산세를 추가로 부담해야 하니 정확하게 구분해서 신고하는 것이 중요합니다.

 초보 사업자
그럼 배달 애플리케이션을 통해 발생한 매출은 어떻게 신고해야 하나요?

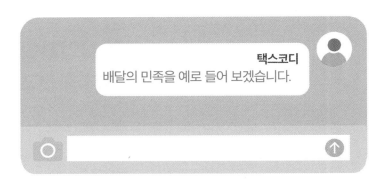

택스코디

배달의 민족을 예로 들어 보겠습니다.

배달의 민족 사장님 사이트에 들어가 보면 부가가치세 신고 자료가 아래와 같이 조회됩니다.

1. **건별 매출:** 바로 결제 결제 수단으로 결제한 금액(네이버페이, 휴대폰, 배민페이. 쿠폰, OK캐쉬백, 카카오페이, 회원 포인트 결제, L.POINT 등)을 말합니다.
2. **카드 매출:** 실제 카드로 결제한 금액(신용카드 결제)을 말합니다.
3. **현금 매출:** 사업장 대표자 명의로 발행된 현금 영수증 매출(간단 계좌 결제, 토스 결제 등 현금 영수증 발행을 요청한 금액, 홈택스 현금 영수증 매출과 일치)을 말합니다.

건별 매출은 부가가치세 신고 시 기타 매출로 신고하면 됩니다.

현금 매출은 국세청의 현금 영수증 매출 조회 내역에 포함되므로 중복으로 신고되지 않게 주의해야 합니다.

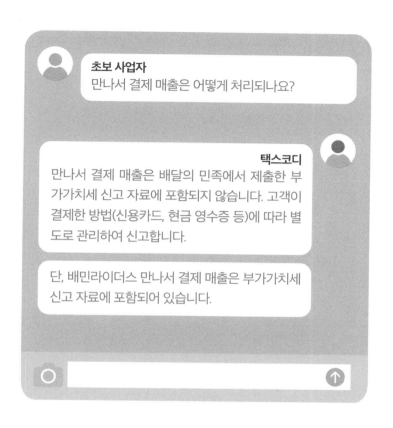

초보 사업자
만나서 결제 매출은 어떻게 처리되나요?

택스코디
만나서 결제 매출은 배달의 민족에서 제출한 부가가치세 신고 자료에 포함되지 않습니다. 고객이 결제한 방법(신용카드, 현금 영수증 등)에 따라 별도로 관리하여 신고합니다.

단, 배민라이더스 만나서 결제 매출은 부가가치세 신고 자료에 포함되어 있습니다.

상반기와 하반기의 부가가치세 신고가 끝나면 식당의 매출과 비용 대부분을 세무서에서 파악하게 됩니다. 자료는 종합소득세 신고와도 연결됩니다. 매년 1월 25일은 전년 하반기 부가가치세 신고 기간으로 5월 종합소득세 신고와도 연결되기 때문에 가장 중요한 시기입니다.

참고로 간이과세사업자 중 1년간 매출이 4,800만 원(종전에는 3,000만 원) 미만인 자는 부가가치세 납부가 면제되는 혜택이 있습니다. 물론 신고 의무는 있지만, 사실 신고를 안 해도 가산세가 없다고 보면 됩니다.

부가가치세 환급,
남들보다 빨리 받자

창업을 하면 여러 가지 초기 비용을 지출하게 됩니다. 초기 비용 지출이 많을 때 사업자의 사업 자금 융통에 도움이 될 수 있도록 냈던 세금을 조금 더 일찍 돌려주는 제도가 있는데 이것이 바로 '조기 환급 제도'입니다.

부가가치세는 소비자가 물건이나 서비스값의 10퍼센트를 부담하는 소비세입니다. 사업자는 소비자가 부담한 부가가치세를 대신 받아 국세청에 전달하는 역할을 합니다. 하지만 10퍼센트에 해당하는 세금 전부를 전달하진 않습니다. 사업자도 사업자인 동시에 소비자로서 물건을 만들면서 재료를 구입하는 비용을 지출하기 때문에 다른 사업자에게 낸 부가가치세를 제외하고 내는 것입니다.

다시 복습하자면, 이때 사업자가 원재료비나 원가를 부담하면서 낸 부가세를 '매입세액'이라고 하고, 소비자에게 판매하면서 받은 부가세를 '매출세액'이라고 합니다. 즉, 매출세액에서 매입세액을 빼고 남은 금액에 대해 국세청에 신고하고 세금을 내는 것입니다.

그런데 매입세액보다 매출세액이 클 때가 있습니다. 개인사업자의 경우 부가가치세는 6개월을 기준으로 끊어 신고하고 납부하는데 이 기간 동안 사업자가 준비한 물건이나 서비스가 잘 팔리지 않아 매출이 없거나 적자가 난 경우가 그렇습니다. 이렇게 번 돈이 없어서 낼 부가가치세(매출세액)는 없는데 이것저것 지출한 것이 많아 부가가치세(매입세액) 역시 많은 경우에는 부가가치세를 환급받게 됩니다.

특히 갓 창업한 경우라면 매장 인테리어 비용과 같은 원가에 포함되는 부가가치세 매입세액이 많은데 이때 조기 환급제도를 활용하면 신고 납부 기한까지 기다리지 않고 일찍 환급받을 수 있습니다.

대체로는 사업설비 신설 · 취득 · 확장 · 증축하는 경우와 영세율을 적용받는 경우가 조기 환급의 주요 대상이 됩니다.

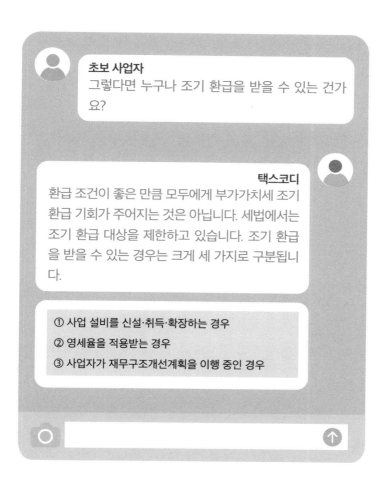

초보 사업자
그렇다면 누구나 조기 환급을 받을 수 있는 건가요?

택스코디
환급 조건이 좋은 만큼 모두에게 부가가치세 조기 환급 기회가 주어지는 것은 아닙니다. 세법에서는 조기 환급 대상을 제한하고 있습니다. 조기 환급을 받을 수 있는 경우는 크게 세 가지로 구분됩니다.

① 사업 설비를 신설·취득·확장하는 경우
② 영세율을 적용받는 경우
③ 사업자가 재무구조개선계획을 이행 중인 경우

먼저 사업 설비를 신설 · 취득 · 확장하는 경우 사업 설비는 사업에 직접 사용하는 자산으로서 감가상각되는 걸 말하는데 인테리어 공사 및 매장 또는 업무용 차량 매입 내역에 대해 부가가치세 조기 환급이 가능합니다.

조기 환급을 받으려면 부가가치세 신고 시 '건물 등 감가상각자산 취득명세서'를 첨부해 증명해야 합니다. 단 사업에 직접 사용하는 범위 안에서만 조기 환급 가능하므로 사업 운영 목적이 아니라 단순 투자 목적으로 구입한 부동산은 조기 환급 대상에서 제외됩니다.

영세율을 적용받는 사업자에는 대표적으로 수출 사업자가 있습니다. 수출품에 부과되는 부가가치세는 수입국에서 징수하는 게 원칙이기 때문에 수출품에는 부가가치세를 0퍼센트 세율로 적용해 부과하지 않습니다. 반면 수출사업자가 제품을 만들기 위해 수입 원재료를 구입할 때 부담했거나 기타 국내에서 부담한 부가가치세는 환급 대상이 됩니다. 각 신고 기간 단위별로 영세율의 적용 대상이 되는 과세 표준이 있을 때만 환급 가능하며 일반과세자 부가가치세 신고서에 '영세율 등 조기 환급'을 신청해 증빙 서류와 함께 제출하면 됩니다.

재무구조개선계획을 이행한 경우에는 조기 환급 기간, 예정 신고 기간 또는 과세 기간의 종료일 현재 재무구조개선계획을 이행 중인 상황에 한해 조기 환급을 받을 수 있습니다. 조기 환급을 위해서는 신고할 때 '재무구조개선계획서'를 첨부해 신고하면 됩니다.

부가가치세 조기 환급은 예정 신고 기간 중 또는 과세기간 최종 3개월 중 매월 또는 매년 2월에 조기 환급 기간이 끝난 날부터 25일 이내에 과세 표준과 환급세액을 관할 세무서장에 신고하면 됩니다. 환급 절차는 신고 기한으로부터 보름 안에 진행됩니다. 참고로 부가가치세 조기 환급은 제한적으로 주어지는 혜택이기 때문에 사업자가 조기 환급을 신청하는 경우 국세청이 관련 증빙을 꼼꼼하게 검토합니다.

조기 환급 신고제도를 활용하면 창업 초기 인테리어 비용에 대한 부가가치세를 빨리 돌려받을 수 있는 동시에 신고 기간이 단축돼 신용카드 매출세액 공제 또한 놓치지 않을 수 있어 혜택이 큰 제도라고 생각합니다. 다만 혜택이 큰 만큼 고정 자산 매입 비용에 대한 계약서 및 송금 내역 등의 증빙이 확실해야 하는 제도이므로 관련 자료를 확실히 마련해 진행하는 것이 좋습니다.

일요일

배달 사업자의
종합소득세

종합소득세의 함정

 모두 장사에 열중하느라 바쁜 하루하루를 보냅니다. 그러던 어느 날 국세청에서 우편물이 옵니다. 종합소득세 신고 안내문으로 시작해 귀사의 수입금액은 1억 2,000만 원이라는 문구를 보게 되면 '어라, 난 1억을 번 적이 없는데……'하는 생각이 들며 그때부터 머리가 아프기 시작합니다.

배달 사업자의 세금은 크게 두 가지로 나뉩니다. 하나는 부가가치세, 또 다른 하나는 종합소득세입니다. 세금을 계산하는 구조는 번 돈에서 벌기 위해 쓴 돈을 빼는 방식입니다. 이러한 세금에는 숨겨진 함정이 있습니다. 바로 과세 기간과 신고 기간이 다르다는 것입니다.

예를 들어 종합소득세의 과세 기간은 전년도이고 신고 기간은 당해 5월 31일까지입니다. 때문에 신고를 앞두고는 할 수 있는 일이 없습니다. 그런데 많은 이들이 신고 기간을 앞두고 어떻게 해야 할지 문의합니다. 절세는 미리 알고 대비할 때 가능합니다. 아무리 유능한 세무 대리인을 고용할지라도 신고 기간이 임박해서는 할 수 있는 것이 아무것도 없습니다. 게다가 대부분은 신고, 납부 고지서가 날아오기 전까지 어떤 세금을 얼마나 내야 하는지 모르고 지냅니다.

다시 한번 복습해 봅시다. 부가가치세는 1년에 2번의 과세 기간이 있습니다. 그리고 3개월마다 예정 신고, 납부 기한이 있습니다. 개인사업자는 부가가치세 1기(1~6월)에 대한 확정 신고를 7월 25일까지 하고, 2기(7~12월)에 대한 확정 신고를 1월 25일까지 해야 합니다. 그리고 4월 25일, 10월 25일까지 예정 고지(직전 납부 금액의 1/2을 고지)에 따른 납부를 해야 합니다.

배달 사업자가 신고할 세금과 신고 기간을 표로 정리해봤습니다.

배달 사업자 세금 신고 종류 및 신고 기간

종류	과세 기간	신고 기간	비고
부가 가치세	-일반과세자: 1/1~6/30, 7/1~12/31 -간이과세자: 1/1~12/31	-일반과세자: 7/25, 다음 해 1/25 -간이과세자: 다음 해 1/25	신고불성실, 납부불성실 가산세
종합 소득세	1/1~12/31	다음 해 5/31	신고불성실, 납부불성실 가산세

혹시 세무 대리인을 쓰고 있나요? 바람직한 세무 대리인 사용법에 대해 간단히 알려드리겠습니다.

1. 사전에 내야 할 세금을 대략 미리 계산해 본다.
2. 신고 전 세무 대리인이 계산한 세금과 비교해 본다.
3. 내가 계산한 금액과 세무 대리인이 계산한 금액에 차이가 있으면 꼭 이유를 알아낸다.

위 세 가지 방법을 순서대로 하고 있다면, 당신은 이미 최고의 절세를 실행 중인 것 입니다.

추계신고와
기장신고의 구분

 대부분의 사업자는 간편장부를 스스로 작성하는 것조차 귀찮고 힘들다고 여깁니다. 사업에 전념하기에도 바쁘다는 이유로 기장을 세무 대리인에게 맡깁니다. 세무사가 기장 수수료를 받고 기장을 대행해 주는 것입니다. 세무 대리인에게 일을 맡기더라도 영수증이나 세금 계산서 등의 증빙 서류 전달은 사장님이 해야 합니다.

기장을 하지 않아도 세금 신고는 할 수 있습니다. 다만 거래에 대한 확실한 증빙이 없으므로 소득 금액을 추계해서 세금을 계산하게 됩니다. 기장을 하면 사업자가 실제 사용한 필요경비 지출을 소득에서 빼고 세금을 내지만, 기장을 하지 않아 추계해서 세금을 신고하면 국세청이 일괄적으로 지정한 필요경비 비율(경비율)을 적용해서 세금을 계산합니다.

초보 사업자

작년(2021년)에 신규로 배달 음식점 사업자 등록을 했습니다. 작년 수입 금액은 1억 7,000만 원입니다. 올해 저는 간편장부 대상자인가요? 복식부기 의무자인가요?

택스코디

작년에 신규로 사업자 등록을 했다면 수입 금액에 상관없이 간편장부 대상자가 됩니다. 장부작성 기준 금액은 직전 연도(2020년)의 수입 금액을 기준으로 합니다. 그런데 신규사업자는 직전 연도의 수입 금액이 없으므로 간편장부 대상자가 되는 것입니다.

초보 사업자

그럼 추계신고도 가능한가요?

택스코디

네, 추계신고도 가능합니다. 작년에 사업자 등록을 했고 수입 금액이 1억 5,000만 원을 넘겼으므로 기준경비율에 의한 추계신고가 가능합니다. 단 순경비율에 의한 추계신고는 불가능합니다.

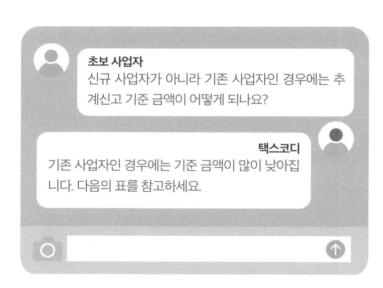

추계신고에는 원칙적으로 기준경비율이 적용됩니다. 단순경비율은 수입 금액이 일정 금액 이하인 경우만 적용됩니다. 예를 들어 작년 수입 금액이 1억 원이라면 단순경비율에 의한 추계신고 가능합니다.

초보 사업자
신규 사업자가 아니라 기존 사업자인 경우에는 추계신고 기준 금액이 어떻게 되나요?

택스코디
기존 사업자인 경우에는 기준 금액이 많이 낮아집니다. 다음의 표를 참고하세요.

업종별 직전 연도 수입 금액에 따른 추계신고 대상 분류

직전 연도 사업소득 수입 금액	추계신고	
업종별	기준경비율 적용대상자	단순경비율 적용대상자
① 농업, 임업, 어업, 광업, 도매업 및 소매업(상품중개업 제외), 부동산매매업, 아래의 ②와 ③에 해당되지 아니하는 사업	6,000만 원 이상인 자	6,000만 원 미만인 자
② 제조업, 숙박 및 음식점업, 전기, 가스, 증기 및 수도사업, 하수, 폐기물 처리 원료재생 및 환경복원업, 건설업, 운수업, 출판 및 정보서비스업, 금융 및 보험업, 상품중개업 등	3,600만 원 이상인 자	3,600만 원 미만인자
③ 소득세법 제 45 조 제 2 항에 따른 부동산임대업, 부동산 관련 서비스업, 전문과학 및 기술서비스업, 임대업(부동산임대업 제외) 사업시설관리 및 사업 지원 서비스업, 개인 서비스업 등	2,400만 원 이상인 자	2,400만 원 미만인 자

해당되는 업종이 2개 이상인 경우에는 수입 금액이 가장 큰 업종의 수입 금액을 기준으로 환산하여 판단합니다.

배달 사업자의
종합소득세 신고

초보 사업자
종합소득세 신고, 세무사에게 무조건 맡겨야 하나요?

택스코디
종합소득세 신고는 납세자가 직접 신고(자진 신고)하는 게 원칙입니다. 추계신고 대상자와 간편장부 대상자는 조금만 공부하면 직접 신고도 충분히 가능합니다. 그러나 복식부기 의무자가 되면 직접 신고하기엔 어려울 수 있는 것이 사실입니다.

초보 사업자
직접 신고하는 게 유리할 때가 있나요?

택스코디

사장님이 소득과 비용에 대해 정확하게 파악하고 있다면 직접 신고하는 것도 괜찮습니다. 운영 관리를 잘하고 있다면 소득과 비용을 제대로 반영해 올바른 신고가 가능하기 때문입니다.

참고로 직접 신고하게 되면 전자신고 세액 공제를 받을 수 있으며, 단일소득·단순경비율 대상자의 경우에는 국세청 홈택스의 신고 도움 서비스를 이용해 간편하게 작성도 가능하므로 이런 분들은 직접 신고를 진행해도 무방합니다.

초보 사업자

그럼 매출이 얼마 이상일 때 세무사에게 맡기는 게 좋을까요?

택스코디

사업자는 일정 매출액을 기준으로 간편장부 대상자와 복식부기 의무자로 나뉩니다. 업종별로 도소매업은 3억 원, 제조업, 숙박업, 음식점 등의 경우에는 1억 5,000만 원을 기준으로 합니다.

따라서 배달 음식점은 직전년도 매출이 1억 5,000만 원 이상이 되어 복식부기 의무자가 되면 맡기는 것이 좋습니다.

초보 사업자
직접 신고한다면 무엇을 주의해야 할까요?

택스코디
직접 신고하게 되면 매출을 누락하거나 경비처리 항목을 빠트리는 등의 실수를 하기 쉽습니다.

또 각종 공제 항목, 감면 항목을 잘 모르기 때문에 직접 챙겨서 신고하기 어려울 수도 있으니 사전에 관련 사항을 숙지해야 합니다.

초보 사업자
소득을 누락하면 어떻게 되나요?

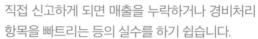

택스코디
소득을 누락 신고한 것을 추후 국세청에서 알게 될 경우, 원래 내야 하는 세금에 가산세가 부과됩니다. 누락 없이 매출 신고를 하는 게 절세의 시작입니다.

초보 사업자
공제 항목에는 어떤 것이 있나요?

택스코디
종합소득 공제에는 인적 공제, 연금보험료 공제,
특별소득 공제, 기타소득 공제 등이 있습니다.

각각의 공제 항목별로 필수적으로 충족해야 하는
요건들이 있어서 면밀하게 검토 후에 공제 항목을
적용해야 합니다. 잘못 판단해 적용된 공제 항목
은 추후에 해당 부분에 대하여 세금이 부과될 수
있고 가산세까지 부과될 수 있습니다.

초보 사업자
인적공제 받을 때 주의할 사항은 무엇인가요?

택스코디
인적공제는 본인 공제, 배우자 공제, 부양가족 공
제 등의 기본 공제와 추가 공제(경로우대자 공제,
장애인 공제, 부녀자 공제, 한부모 소득 공제)로 나
눌 수 있습니다.

각 공제 항목마다 필수 요건이 있습니다. 배우자 공제의 경우 연간 소득 금액 합계액이 100만 원 이하일 때 150만 원까지 배우자 공제를 받을 수 있습니다.

부양가족에 대해서는 부부 중 한 명만 공제 신청이 가능합니다. 소득이 더 높은 배우자에게 공제를 몰아주는 것이 과세표준을 줄이는 효과가 있으므로 절세에 도움이 됩니다.

초보 사업자
종합소득세 신고 기한을 넘기면 어떻게 되나요?

택스코디
신고 기한이 지나 신고하는 것을 '기한 후 신고'라고 합니다. 기한 후 신고의 경우에는 원래 내야 할 세금뿐만 아니라 각종 가산세를 내야 합니다. 다만 자진해서 기한 후 신고를 하면 가산세를 감면받을 수 있습니다.

반면 자진신고를 하지 않으면 국세청에서 무신고와 관련해 안내문을 받게 됩니다. 이때는 가산세 감면 제도를 적용받기 어렵습니다. 따라서 부득이하게 신고 기한 내에 신고하지 못했다면 빠른 시일 내에 기한 후 신고를 하는 게 좋습니다.

또 무신고 관련해 안내문을 받고도 대응을 하지 않으면 추후 세무 조사 등의 단계로 진행될 수도 있으니 주의해야 합니다.

대박 식당 절세법

 길고 길었던 코로나19 시국에 많은 자영업
자가 어려움을 겪었지만, 그 속에서도 돌파구
를 찾은 사업자들이 있습니다. 특히 비대면 상황이 반전을 이
끌어 배달 매출로 대박을 만든 식당 사장님들도 적지 않죠.
그런데 갑자기 규모가 커진 사업자들이 꼭 챙겨야 할 세금
문제가 있습니다. 바로 성실신고 확인서입니다.

덩치 큰, 그러니까 매출이 많은 개인사업자는 종합소득세
신고 전에 세무 대리인에게 신고서 작성의 성실도를 확인받
도록 하는 의무가 있습니다. 음식업종의 경우 연간 수입 금액
이 7억 5,000만 원을 넘으면 성실신고 확인 대상이 됩니다.

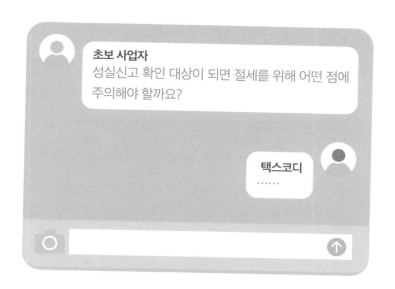

초보 사업자
성실신고 확인 대상이 되면 절세를 위해 어떤 점에
주의해야 할까요?

택스코디
......

우선 본인이 성실신고 확인 대상인지 판단하지 못하는 경우가 많습니다. 복식부기나 간편장부 대상 등 소득세 신고 의무의 유형 판단은 전년도 수입 금액을 기준으로 하지만, 성실신고 확인 대상 판단은 해당 연도 수입 금액을 기준으로 합니다. 이번 종합소득세 신고를 기준(2022년)으로 보면 기장 의무 판단은 2020년 실적, 성실 신고 대상은 2021년 실적이 판단 기준입니다.

또 신용카드 발행 세액 공제, 전자신고 세액 공제, 일자리 안정자금 등은 수입금에 포함하고, 유형자산 처분액은 제외해야 합니다. 전문적인 내용이다 보니 사업자분들은 모르는 경우가 많습니다.

배달 매출은 배달의 민족, 요기요 등 오픈마켓에서 발생한 매출이어서 국세청에 100퍼센트 노출되니 크게 신경 쓸 것이 없습니다. 하지만 상대적으로 경비에 대해서는 증빙 관리가 미흡한 경우가 종종 있습니다.

배달 대행 업체는 배달 대행비를 플랫폼에 충전 후 사용하거나 별도로 세금 계산서를 수령하는 등 각각 플랫폼별로 관리방식이 다양해서 증빙을 챙기지 못하는 경우도 발생합니다. 또 배달을 위해 포장 용기 등 비품 구입도 많아집니다. 통장 지출액에 대한 세금 계산서와 계산서 등을 거래 업체별로 확인해서 정기적으로 못 받은 증빙은 없는지, 증빙 관리를 해두는 것이 좋습니다.

음식점 사업자의 경우 사업용 통장과 개인 통장을 제대로 구분해 사용하지 않는 경우, 부가가치세뿐만 아니라 소득세 또한 민감하게 영향을 받을 수 있는 업종입니다. 세금 통장을 따로 구분해 매월 매출액의 일정 비율을 미리 떼어 부가가치세과 소득세 납부용으로 준비해 놓으면 상대적으로 부담이 적게 느껴질 수 있습니다.

　또 음식점 사업자는 카드 단말기의 카드 매출 수수료, 건물 관리비, 전기 요금, 가스 및 수도료, 음식물쓰레기 처리비, 외식업 협회 수수료 등에 대한 경비를 누락하기 쉽습니다. 필요 경비에서 누락된 항목은 없는지 꼭 챙겨봐야 합니다.

주간 메모

월	화	수	목

금	토	일	종합

부록

2023년,
달라지는 사업자 세금

2024년 1월 1일 이후 지급하는 소득분부터 간이 지급 명세서 제출 주기가 단축되고 가산세도 완화될 예정입니다. 간이 지급 명세서는 소득을 지급하는 원천징수 의무자가 직원의 개인별 인적 사항과 소득금액 등을 기재해 국세청에 제출하는 서류입니다.

간이 지급 명세서를 통해 정부는 근로자들의 소득을 더욱 투명하게 파악하고 고용 사각지대에 있는 임시직이나 기간제 근로자들의 고용보험 가입을 독려할 수 있습니다. 이러한 이유로 정부는 꾸준히 간이 지급 명세서 지출 주기를 단축해 왔습니다. 이번 개편을 통해 상용근로소득의 경우 매 반기에서 매월로 주기가 단축될 예정입니다.

다만 제출 주기를 단축하면서 사업자들의 부담을 줄이기 위해 가산세 부담은 완화될 예정입니다. 간이 지급 명세서 제출 불성실 가산세율을 지급명세서 가산세율보다 낮은 0.25퍼센트로 적용하고, 적응 기간을 주기 위해 사업자가 간이 지급 명세서를 현행 주기(반기 또는 연 1회)대로 제출하더라도 한시적으로 가산세를 면제합니다. 지급 사실이 불분명하거나 기재된 금액이 사실과 다를 경우 해당 금액의 차이가 총 지급 금액의 5퍼센트 이하라면 역시 가산세를 면제합니다.

또 간이 지급 명세서를 제출하는 사업자라면 따로 지급 명세서를 제출하지 않아도 되며, 지급 명세서와 간이 지급 명세서 가산세를 둘 다 내야 하는 경우라면 중복 적용에서 배제해줍니다.

전자(세금) 계산서와 현금 영수증 의무 발급 대상은 확대됩니다. 사업자들의 소득을 파악하고 세원 양성화 기반을 마련하기 위한 목적입니다.

전자(세금) 계산서의 경우 모든 법인사업자와 직전 연도 총 수입 금액이 1억 원 이상인 개인사업자들만 전자(세금) 계산서 의무 발급 대상이었습니다. 그러나 세제 개편을 통해 2024년 7월 1일 발급분부터 총 수입 금액 8,000만 원 이상인 사업자도 의무 발급 대상으로 전환될 예정입니다.

같은 이유로 현금 영수증 의무 발행 대상 업종도 확대됩니다. 기존에는 변호사나 병의원과 같은 전문직을 비롯한 112개 업종에 해당하는 사업자만 거래 금액 10만 원 이상인 건에 대하여 의무적으로 현금 영수증을 발급해야 했지만 이젠 백화점, 대형 마트, 자동차 중개업 등 13개 업종이 추가로 의무 발급 대상이 되었습니다. 의무 발급 적용은 2024년 1월 1일 이후 분부터 해당됩니다.

또 온라인 중고 거래를 가장한 탈세를 잡기 위해 중고 거래 플랫폼 등에 자료 제출을 의무화합니다. 중고 거래 시장이 폭발적으로 성장하면서 개인 간 거래를 가장해 세금을 탈루하는 사업자가 많아졌다고 판단한 것입니다.

이번 세제 개편을 통해 정부는 부가가치세법상 판매 · 결제 대행 · 중개 자료 제출 대상자에 '전자 게시판을 운영해 재화 · 용역의 공급을 중개하는 자로서 국세청장이 고시하는 사업자'를 추가했습니다. 따라서 온라인 중고 거래 플랫폼 사업자는 2023년 7월 1일 이후부터 과세 당국에 관련 자료를 제출해야 합니다.

자료를 미제출하거나 사실과 다른 자료를 제출하는 사업

자에 대해서는 국세청장이 제출 명령을 내릴 수 있도록 강제 조항도 보강됐습니다. 자료 제출 명령에 응하지 않으면 2,000만 원 이하의 과태료가 부과될 예정입니다. 과세 당국은 제출받은 자료를 분석해 사실 판단을 거쳐 과세 여부를 결정하게 됩니다. 판매자의 계속·반복적 거래 여부를 사업자 판단 기준으로 하고 있으므로 이들에 대해서도 제출 의무를 적용할 방침입니다.

상가 임대료를 인하한 '착한 임대인'에 대한 세액공제 적용 기한이 연장될 예정입니다. 착한 임대인 제도는 소상공인의 임대료를 인하한 상가임대차법상 부동산 임대 사업자에게 임대료 인하액의 70퍼센트(종합소득금액 1억 원 초과 시 50퍼센트)를 세액 공제해 주는 제도입니다. 정부는 코로나19 장기화에 따른 소상공인의 어려움을 고려해 2022년 종료하기로 했던 이 제도를 2023년 12월 31일까지 1년 연장하기로 했습니다.

영세 사업자에 대한 체납액 징수 특례도 연장됩니다. 이 제도는 폐업 후 재기하는 영세 개인사업자의 징수 곤란 체납세

2023년부터 달라지는 사업자 세금

제목	현행	개정	적용 시기
간이지급명세서 제출 주기	상용근로소득 반기 제출	상용근로소득 및 인적용역 관련 기타 소득 매월 제출	2024년 1월부터
전자세금 계산서 의무발급 대상	총 수입 금액 1억 원 이상 사업자	총 수입 금액 8,000만 원 이상인 사업자	2024년 7월부터
현금 영수증 의무 발급 대상 업종 추가	전문직 포함 112개 업종	백화점, 대형 마트 등 13개 업종 추가	2024년 1월부터
판매·결제 대행·중개자료 제출 의무 강화	기존 사업자	온라인 중고 거래 플랫폼 사업자 자료 제출 의무 추가	2023년 7월부터
착한 임대인 세액공제 연장	올해 종료 예정	1년 연장	2023년 12월까지
영세사업자 체납액 징수 특례 연장	2021년 12월 이전 폐업 및 2024년 12월까지 재기한 영세사업자 대상	1년 연장	2025년 12월까지

금(재산가액이 없거나 재산가액이 강제 징수비에 미달)에 대해 납부 지연 가산세를 면제하고 분할납부를 최대 5년간 허용해 주는 특례입니다.

정부는 특례 적용기한을 1년 늘려 종전 2021년 12월 31일 이전 폐업 및 2024년 12월 31일까지 재기한 영세사업자에서 2022년 12월 31일 이전 폐업 및 2025년 12월 31일까지 재기한 영세사업자로 넓히기로 했습니다.

살아남는
배달 창업의 비법

초판 1쇄 발행   2022년 10월 5일

지은이   오봉원, 최용규
발행인   곽철식

편집   구주연
디자인   박영정
펴낸곳   다온북스
인쇄   영신사

출판등록   2011년 8월 18일 제311-2011-44호
주소   서울시 마포구 토정로 222, 한국출판콘텐츠센터 313호
전화   02-332-4972   팩스   02-332-4872
전자우편   daonb@naver.com

ISBN   979-11-90149-83-9   (03320)

• 다온북스는 독자 여러분의 아이디어와 원고 투고를 기다리고 있습니다.
  책으로 만들고자 하는 기획이나 원고가 있다면, 언제든 다온북스의 문을 두드려 주세요.